Daegu

大邱の敵産家屋

大邱の敵産家屋
地域コミュニティと市民運動

Rie MATSUI
松井理恵

共和国

一、筆者が聞き取りをした人物について、本人の了承を得られた場合は本名とした。本人の了承が得られなかった場合、および筆者以外が聞き取り調査をした報告書からの引用の際は、「Aさん」「Bさん」のように仮名とした。

一、邦訳のない文献については、すべて拙訳である。

一、韓国人名表記について、一般に漢字表記されることの多い政治家、歴史上の人物、および漢字表記で著書や論文、作品を発表している個人名は漢字表記してカタカナでルビを振り、それ以外の個人名はカタカナで表記した。

一、朝鮮半島の国家や国民、民族の呼称について、日本による植民地時代に関する記述では「朝鮮」または「朝鮮人」という表現を用い、解放後に関する記述では「韓国」または「韓国人」という表現を用いた。言語についても同様に、植民地時代に使われていた言語を「朝鮮語」、解放後に使われている言語を「韓国語」とした。なお、「ハングル文字」は文字そのものを指す。

大邱の敵産家屋

目次

序章

なぜ「敵産家屋」なのか

第一章

なぜ北城路に敵産家屋が立ち並ぶのか

第四章 敵産家屋が可視化する地域コミュニティの履歴

終章

地域コミュニティに受け継がれる敵産家屋

補章

植民地朝鮮の大邱を読み継ぐ

序章

なぜ「敵産家屋」なのか

一、　三徳初等学校の教頭先生の官舎

「三笠町という町名が生まれ、消え去ったように、他民族を侵しつつ暮らした日本人町は、いや、わたしの過ぎし日の町は今は地上にない」(1)

一九二七年、日本による植民地支配下の朝鮮慶尚北道《けいしょうほくどう》大邱府《たいきゅうふ》三笠町《みかさまち》で生まれた森崎和江（一九二七－二〇二二）は、一九八四年に刊行された『慶州は母の呼び声――わが原郷』の序章をこのように結んでいる。確かに、森崎和江がこの本を執筆していた当時、三笠町という日本人町は過去のものであった。しかしながら、大韓民国大邱《テグ》広域市中区三徳洞《サムドクドン》と地名を変えたこの町には、今も人びとが暮らしつづけている。そして、町の至るところに植民地支配の痕跡が残されている。三笠町の影は消え去っていないのである。そこで筆者は、三徳洞に今も残る一軒の日本式家屋との出会いから本書を書きはじめる。

日本の大学で社会学、特に地域コミュニティや人びとの生活について学んできた筆者は、韓国の人びととの暮らしに直に接してみたいと考えていた。大学生の頃、一年ほどソウルの学生街で暮らしたことがあったが、地域コミュニティや人びとの生活がさっぱり見えてこなかったからである。二〇〇三年の夏、まちづくりのフィールドワークを始めることにした。都市化が進み、地域のつながりが希薄になっていた韓国では、一九九〇年代後半に日本語の「まちづくり」が翻訳され、少しずつ使われるようになっていた。二〇〇〇年代に入ると、韓国の市民団体が都市に人とのつながりを取り戻すために、

「まちづくり」という言葉を使って活動を始めた。そこで、「韓国のまちづくり」を研究テーマとして、韓国の人びとの暮らしにアプローチしてみようと考えたのである。修士論文執筆をめざし、その調査のためのフィールドを探していたところ、塀を崩して自宅の庭を近所の人びとと共有する、一風変わったまちづくりが大邱でおこなわれているのをウェブ上の記事で知った。このまちづくりの発信地が三徳洞であった。そして、実際に三徳洞を訪れた筆者は、「三徳初等学校の教頭先生の官舎」だったという日本式家屋(3)を目にすることとなる。三徳洞のまちづくりは、市民団体(大邱YMCA)が中心となって、住民を巻き込むかたちで進められており、「三徳初等学校の教頭先生の官舎」は、市民団体が教育庁から借り受け、まちづくりの拠点として使っている建物であった(4)。のちに知ったのだが、この家屋は一九四五年から二〇〇〇年まで、三徳初等学校の官舎として使われていたという(5)。つまり、筆者が三徳洞を訪れたのは、この家屋が三徳初等学校の官舎から市民団体の活動拠点へと切り替わったばかりの頃であった。三徳洞の人びとはこの建物を、市民団体が名づけた「美術館」ではなく、「三徳初等学校(2)の教頭先生の官舎」と呼んでいた。

日本による植民地時代に朝鮮半島で建てられた日本式家屋を見るのは初めてであった。植民地支配については歴史の教科書で学んでいたし、植民地時代を生きた韓国の人びとから当時の話を直接聞く機会もあった。しかし、ごく普通の住宅街に静かにたたずむ日本式家屋を見たとき、植民地支配の物証を目の前に突きつけられたような、大きな衝撃を受けた。自分が日本人であることなど道ゆく人にはわからないと知りながら、この日本式家屋から目を逸らして、足早に通り過ぎたのである。

それから筆者は三徳洞に通いはじめた。市民運動家や近所の人びとから話を聞き、三徳洞が植民地時代の日本人居住地区だったことを知った。三徳洞は碁盤の目のような住宅街だが、それは日本人居住地区として開発された名残りなのだと教えてもらった。

韓国の住宅は、伝統的に南向きに配置され、その正面に門を設けることが最優先された。宅地が道路に面していないために門を設けることが不可能な場合は、新たに路地を作ることさえあった。韓国の旧市街の路地が曲がりくねっている所以である。一方、日本の宅地開発では、道路と建物の関係が優先される[6]。つまり、道路に沿って住宅が建てられるため、住宅街は碁盤の目となる。このように、植民地時代に開発された住宅街は、伝統的な住宅街とは異なる様相を呈する。植民地支配の痕跡は日本式家屋だけでなく、住宅街そのものにも刻まれていた。

意外だったのは、解放後の三徳洞が高級住宅街だったことである。十二歳くらいまで広島に住んでいたという高齢の女性は、「三徳洞は昔、裕福な人たちが住んでいるところとしてよく知られていて、ソウルでも「三徳洞に住んでいます」と言えば通じるほどだった」と教えてくれた。高級住宅街だったのは三徳洞だけではないようで、一九七〇年代になっても、大学教授、公務員などの裕福な人たちはほとんど日本式家屋に住んでいたと記憶する人もいた。日本式家屋を見て後ろめたい気持ちになっていた当時の筆者にとって、一概には信じられない話であった。

一九五〇年代、朝鮮戦争で人民軍（北朝鮮軍）に占領されなかった大邱には全国から多くの避難民が集まった。避難民の中には、河原にテントを張って暮らす者もいたという。当時の大邱の様子を描いた小説がある。一九八八年に初版が刊行された金源一《キムウォニル》（一九四二-）の小説『深い中庭のある家』は、休戦後間もない一九五四年の春の大邱が舞台である。主人公の吉男《キルナム》は壮観洞《チャングァンドン》という、三徳洞の西に位置する旧市街の、大きな屋敷の離れに暮らしている。「下の家」と呼ばれるこの離れの描写は、当時の大邱の住宅事情を理解する手がかりとなる。少し長くなるが、そのまま引用したい。

> 下の家には同じ大きさの部屋が四つあり、その頃は僕の家族を含め四世帯が住んでいた。家の裏には塀が迫っていて、やっと煙突が造れるほどの広さしかないからまともな台所は造れなかった。そのためどの部屋も縁側前の一坪ほどの面積を僕の背丈ぐらいの高さの板で囲い、ルーフィング［屋根材の下などに敷く防水シート］を屋根代わりにかぶせて台所として使っていた。部屋にはたんすも屋根裏部屋もないから、棚を造っていろいろな物を載せた。避難民の状況はみんな似たり寄ったりで、リンゴの木箱を積み重ねて食器棚代わりにする、ままごとのような生活をしていた。実際、下の家の四世帯はみんな避難民だったし、当時壮観洞の家にはたいてい一世帯か二世帯の避難民が、玄関脇の部屋や母屋脇の、あるいは母屋から遠い離れに間借

りして住んでいた。僕の家族が住んでいた四坪にも満たない――母の表現を借りれば白粉箱みたいな――小さな部屋は下の家の端っこで、便所から始まる下水溝を兼ねたドブの悪臭が明かり窓を通して入ってきた。もともと下の家は二部屋だったのを、戦時中、たくさんの世帯に貸すために部屋の真ん中を板壁で仕切って四部屋にしたものだったから、五人家族が寝ると部屋はいっぱいで、耳を澄まさなくても隣の話し声が聞こえた。しかし避難民が大邱郊外の小さな山を切り開いて手当たり次第に板やむしろで造った、下水溝や便所すらろくにない、腰をかがめて出入りする掘っ立て小屋に比べれば、深い中庭のある家の貸し部屋は、曲がりなりにも人間らしい暮らしができる場所だと言わざるを得なかった。(7)

(金源一『深い中庭のある家』、吉川凪訳。[ ]内は原文のママ)

困難な避難生活の中で、ときにいがみ合いながらも、似た境遇の者同士が支え合って暮らしていた間借り人たちだったが、家主の都合で翌年の春にはみな家を追い出されてしまう。その後、吉男の家族は一九六六年まで壮観洞一帯で貸し間を転々としながら暮らしたという。この作品が作者、金源一の自伝的要素が強いことをふまえれば、避難民として大邱に来た人びとが劣悪かつ不安定な住宅事情に悩まされていたことは想像に難くない。このような状況にあって、日本式家屋は紛れもない高級住宅だった。

また、解放後も大邱の物理的な都市空間構造は植民地時代の都市計画に規定され、産業や人びとの暮らしに影響を与えつづけていた。たとえば、大邱は繊維産業が盛んな地域として知られているが、それは植民地時代に端を発する。支配と統治の論理に基づく植民地時代の都市計画によって、大邱駅の北側の七星洞《チルソンドン》と砧山洞《チムサンドン》一帯に各種繊維工場が立ち並ぶようになり、大邱の繊維産業の基盤となったのである。[8] 同様に、植民地時代に駅があった場所には駅が、役所があった場所には役所が、学校があった場所には学校がある。

植民地時代に都市計画に基づいて開発された日本人の居住地は、交通機関や公共施設から近く利便性が高く、さらに古くからある市街地に比べると安全かつ衛生的であったため、高級住宅街とされていた。[9] このような町の特徴は、都市の物理的な空間構造が変わらない限りにおいて、解放後も変わらなかった。確かに日本人居住地区であった三徳洞は、現在も公共施設と隣接していて利便性が高い。三徳洞が解放後も高級住宅街として人びとから好ましく思われたのも不思議ではない。

筆者が三徳洞を中心にフィールドワークをしていた二〇〇三~四年当時は、朝、出勤してきた市民団体の職員が「三徳初等学校の教頭先生の官舎」の鍵を開けた。彼らがイベントの準備などの作業をするために使う場合がほとんどだったが、市民団体が運営する学童保育の子どもたちが気軽に入ってくる場所でもあったので、近所の人が立ち寄ることもしばしばだった。イベントで使われた装飾品や製作中のオブジェなどが置かれ、どの部屋も雑然として、部屋の畳はボロボロだった。職員はにこにこしながら「畳を張り替えるタイミングがよくわからないんだ。いつ畳を張り替えればよいのだろう」と日本人である筆者に尋ねた。

畳の部屋だけでなく、韓国で伝統的に使われてきたオンドルという床暖房を備えた部屋もあった。朝鮮半島の日本式家屋に関する先行研究は、その変化の過程を「第一期」（一八七六年の開港から一九一〇年代末頃まで）、「第二期」（一九二〇年代初めから一九四〇年代初めまで）、「第三期」（一九四〇年代初めから一九四五年の解放まで）と区分している。[10] 後述するように「三徳初等学校の教頭先生の官舎」は一九三九年、つまり、第二期から第三期に移り変わる時期に建てられたものだが、第三期の日本式家屋の主要な特徴として、オンドル部屋の設置が挙げられている。したがって、私が見たオンドル部屋は建築当時から設置されていた可能性もある。市民団体が主催するチャンチ（宴を意味する韓国語）には三徳洞内外から人びとが集まり、畳部屋やオンドル部屋に座って振るまわれたご馳走を食べた。

不思議に思ったのは、人びとが玄関ではなく、南向きの縁側から出入りすることであった。「縁側こそがこの家の出入り口なのだ」とでも言わんばかりに、みなそこで靴を脱ぎ、室内に入っていく。西向きに据えられた勝手口は職員の出入りに使われていたが、反対側の玄関はまるで倉庫のように多くの物が置かれて塞がれていた。のちに、これは韓国における日本式家屋の一般的な使われ方であったことを知る。先述したように、日本の宅地開発では道路に沿って住宅が建てられ、その玄関も道路との関係によって位置が決まるが、伝統的な韓国の住宅は南からの出入りをもっとも重視する。つまり、三徳洞の人びとが縁側から出入りするのは、道に沿って建てられた日本式家屋に、韓国の伝統に基づいて南向きから出入りするための工夫だったのである。

また、日本の庭と縁側は、それぞれ韓国のマダン（主に作業に使われる庭）とマル（板敷きの広間、および部屋の外側の庇に設けられた濡れ縁状の空間）に対照するが、庭と縁側は「いる」「見る」の意識が強いのに対して、マダンとマルは「働く」「通る」の意識が強いという。韓国の人びとが日本式家屋を使う際に生じる出入りの変化の背景には、方位の問題に加え、道から直接入るのではなく、マダンを通って室内に入ろうとする習慣やマルへのこだわりも指摘されている。(11)

もちろん、当時は理論的なことなど何もわからなかった。ただ、「三徳初等学校の教頭先生の官舎」が植民地時代の面影を色濃く残しながらも、利用者にとって使い勝手よく用いられている様子は、見ていてとても好ましかった。と同時に、「三徳初等学校の教頭先生の官舎」のこのありようは、印象に深く残った。筆者は当時、三徳洞の人びとの温かさにすっぽりと包まれながらも、しかし、どこか後ろめたさを感じていた。三徳洞は小さな地域コミュニティであったとはいえ、韓国の社会について考えるうえで植民地支配の歴史は避けられない。にもかかわらず、それを自分の研究にうまく関連づけられていないもどかしさがあった。韓国に残された日本式家屋は、筆者が植民地支配の歴史を引き受けつつも、韓国の人びとの暮らしを知るための突破口のように思えた。

研究テーマを「三徳洞のまちづくり」から、「大邱に残る日本式家屋」へとシフトさせた頃、日本式家屋には、別の呼び名があることに気がついた。敵産家屋。敵産とは敵の財産を指す。日本による植民地支配が朝鮮半島の人びとにとっていかなる経験であったのかを的確に示す「敵」という言葉の重さに戸惑った。韓国人同士の会話の中では、しばしばその呼び名を耳にした。韓国語を解する日本人の筆者がいたからであろう、「敵産……」と言いかけて「日本式家屋」と言い直す人もいた。おそらく「敵産家屋」という呼び名に何年も気づかなかったのは、周囲の人びとがおもんぱかってくれたからだろう。しかし、筆者が向き合わなければならないのは、韓国に残された「日本式家屋」ではなく、「敵産家屋」だった。

初めて三徳洞を訪れてから十年以上が過ぎた二〇一六年の夏、日本から訪れた研究者を「三徳初等学校の教頭先生の官舎」に案内する機会があった。当時も大邱のフィールドワークを続けていたが、筆者の足は三徳洞から遠のいており、二、三年に一度ふらっと訪れ、そっと眺める程度のかかわりしかなかった。二年ぶりに訪れた「三徳初等学校の教頭先生の官舎」には、市民団体が設置した看板やオブジェがすっかり消えており、代わりに「大邱三徳初等学校旧官舎」という真新しい看板が立てられていた。

大邱三徳初等学校旧官舎 登録文化財第五八一号(12)

大邱三徳初等学校旧官舎は、一九三九年、大邱徳山公立尋常小学校の校長官舎として建築された木造建築物で、外観は木の板による下見張りなど日本式住居建築の特徴をもち、近代に大邱地域で建築された教育関連施設の中で現存する数少ない官舎の建物としての価値を有する。（拙訳）

家屋の側面には、色からすぐわかるような新しい木の板がところどころで使われており、丁寧に修理が施されているようだった。建物には鍵がかかっていた。中はがらんとしていて、すべてがきれいに整頓されていた。管理者が変わったのだろう、以前の雑然とした感じがまったくない。床には真新しい畳が敷かれている。隣りの建物が間近に迫っているので出入り口としての機能は完全に失われているにもかかわらず、玄関が復元されていた。利用するための修理ではなく、文化財として保存するための修理であることがよくわかった。夏の終わりの昼下がりだったからだろうか、人影はなく、しんとしていた。近所で遊ぶ子どもたちが、ひょいっと入ってくる場所ではなくなってしまったようだった。何とも言えないさみしさを感じた。

「三徳初等学校の教頭先生の官舎」が文化財に登録されたことについて、韓国社会の外側に生きる筆者がどうこう言える立場ではない。ただ、一つだけ確実に言えるのは、この家屋が文化財として保存されていたならば、敵産家屋について研究しようとは思わなかった、ということである。使われていい、いい、敵産家屋と保存される敵産家屋は、まったく異なる存在であった。

二、抵抗と適応

本書は、韓国で現在も利用されている敵産家屋について論じるものだが、この序章ではその意義を考えたい。もちろん、日本による植民地支配下に建てられた建築物が残るのは韓国だけではない。台湾や旧満洲国、サハリンなど、大日本帝国の統治下にあったアジア諸国に数多くの建築物が残存している。本書で論じるように、韓国では二〇〇〇年代に入ると、これらの建築物を日本帝国主義の残滓として撤去するだけではなく、建築物によっては積極的に利用したり保存したりする動きがみられるようになった。台湾でも同じ頃、日本統治時代の建築物の再評価、保存、再生の動きが進み、歴史遺産として史跡に指定されるような建築物以外も公共空間やカフェ、レストランとして利用されるようになったという。(13) 敗戦から八十年近くが経過した二〇二〇年前後には、日本の支配下に建てられ、今なお台湾や旧満洲に残る建築物を写真やイラストに文章を添えて紹介する書籍が日本で出版されるようになった。(14) また、特定の国や地域を超え、大日本帝国という枠組みから、その統治下にあったアジア諸国に残る建築物を論じた学際的研究も同時期に現れた。(15)

他のアジア諸国に残された建築物と比べると、日本の植民地支配下の朝鮮半島に建てられた建築物が一貫して「敵産」と呼ばれてきたことが際立ってくる。(16) 旧朝鮮総督府の建物のように日本帝国主義の残滓として撤去されるか、旧西大門刑務所の建物のように日本帝国主義の負の遺産として保存されるか。特に植民地支配を象徴する建築物は、「敵産」として社会的に適切に位置づけられなければならなかった。その一方、解放後の日々の生活の中にあった建築物、なかでも日本式家屋は、特に「敵産家屋」と呼ばれながらも使われつづけてきた。本書は、利用されてきた「敵産」に焦点を当て、利用を積み重ねながら「敵産」をもみずからの生活のうちに取り込む韓国の人びとの試みを論じるものである。

「考現学」の命名者として知られる今和次郎《こんわじろう》は、関東大震災の被災住民や戦災者の仮住まいを観察することから、住み手の創意工夫を見出した。「創意ある人々の生活はごこでも明るい」[17]。今《こん》は人びとが被った震災や戦災が深刻な社会問題であることを認めつつも、住み手の創意工夫によって生まれた仮住まいがもつ力強さ、楽しさに心を打たれる。たとえば、第二次世界大戦後の一九四七年一月に発表された「戦災者の仮住まい」という文章には次のような記述がある。

O駅近くの洋服屋さんの家は、どこでもそうだが、外観がいたってみすぼらしい。ちぐはぐな焼け跡で拾った貨材で装われているオーバーのようなものだから、一見同情に値する。だけれども、一歩家のなかに入って拝見すると、なかなかどうして、生活を愉快にするくふうをみせているので、楽しさにうたれるものがある。それも材料は、壁から建具一式まで、ちぐはぐそのものの寄集めで、なんらそこには形式的な整いがあるとはいえないが、寄集めの材料はそれぞれ生かされて、心をこめて使い場所が当をえていることには、いちいち納得させられるものがあった。[18]

（今和次郎「戦災者の仮住まい」）

本書が取り上げる敵産家屋も、解放後、韓国の人びとが創意工夫を積み重ねながら使いつづけてきたものである。今和次郎が仮住まいに感じた力強さ、楽しさに通じる質を、筆者は敵産家屋に感じるが、しかし、敵産家屋を単純に人びとの創意工夫の現われとして捉えることへの躊躇もある。なぜなら、それはもともと「敵のもの」だったからである。

敵産家屋に関する学術研究の嚆矢である都市住居研究会『異文化の葛藤と同化――韓国における「日式住宅」』が日本の建築資料研究社から刊行されたのは、日本帝国主義の残滓とされた旧朝鮮総督府の建物が解体されている最中の一九九六年であった。[19]同書は、『住宅建築』誌上に一九九三年から一九九四年まで七回にわたって連載された内容を再構成したものであるが、どちらも日本で発表された研究成果である。「日式」とは韓国語で「日本式」を意味する単語である。つまり「日式住宅」とは、韓国語を漢字で直訳したものであり、「日本の植民地支配下の朝鮮半島に日本人によって建設された日本式の住宅」を指す。同書の冒頭の「韓国住居の近代化と「日式住宅」研究――推薦文にかえて」は、この研究を支援した日本人研究者が書いた推薦文であり、「日式住宅」研究の建築学上の位置づけと、研究が直面した困難について言及されている。韓国の現代住居を考察するにあたり「日式住宅」は避けて通れない存在だが、日本の植民地支配の記憶を無理やり掘り起こすことに通じるため、当時の韓国の社会的雰囲気の中では「日式住宅」研究が非常に難しかったという。この本の執筆協力者である日本人研究者が韓国の大韓建築学会で「日式住宅」に関する研究を発表したが、韓国の学界に必ずしも快く受け入れられたわけではなかった、というエピソードも紹介されている。[20]

この「日式住宅」研究が韓国語で発表された形跡は見当たらない。その代わり、同書には推薦文とまえがきの韓国語抄訳が掲載されている。ただ、韓国における「日式住宅」研究が抱える困難に関する記述は韓国語抄訳の推薦文から省かれている。日本語では書けるが、韓国語では書けないという判断があったのだろうか。一九九六年当時の韓国の社会的雰囲気がうかがえる。

敵のものを使う。このことについて考えるうえで参考になるのが、カリブ海諸島におけるアフリカン・アメリカン文化を専門とするシドニー・W・ミンツの「抵抗」という概念である。[21]ミンツによると、「新世界」に強制連行されてきて奴隷という身分にされたアフリカの人びととその子孫の「抵抗と適応の総体的なプロセス」[22]を見ることこそが、アフリカン・アメリカン研究の中心的な課題であるという。ここで重要なのは「抵抗」と「適応」の関係である。ミンツは、奴隷がみずからの文化を変え、状況に適応することが抵抗の足がかりとなったと指摘する。たとえば、ジャマイカでは奴隷だった人びとが、奴隷時代に習いおぼえた技術と道具を使って農民として自立していった。時間の使い方、地質の判断方法、種子の選択、作物の栽培と収穫、保存のための方法、家畜の飼育方法といった農業技術から、家族の共同労働の運営方法、節約方法、収入を得て蓄えること、消費生活の習慣に至るまで、農業を営むための基礎は奴隷として働かされていた時代に学ばれたものだった。自作農民になるというプランターへの抵抗は、奴隷として生きるという状況に適応した結果として得られた技術と道具の習得によって初めて可能になったのである。「抵抗」するか、「適応」するか。被支配者はそのいずれかを選択するのではなく、抵抗に先立つものとして適応を位置づける発想である。

ミンツの話の聞き手である藤本和子は、このような適応を土台とした抵抗のあり方を「一見矛盾しているように見える抵抗の姿」[23]と表現した。つまり、当事者以外の立場から見ると、適応に基づいた抵抗は部分的に支配への屈服のように見える。しかしそれでは、ヨーロッパ市場向けの商品を生産するために「新世界」に強制連行され、「奴隷」として死ぬまで働かされるという筆舌に尽くしがたい残酷な状況に置かれた人びとの抵抗が何たるかを見誤ることになる。ミンツは「人間として生きのびることそのものが抵抗だった」と随所で指摘する。これは、奴隷とされ、すべてを奪われた人びとが奴隷制の日常の現実と闘ってきた多様な姿を認め、抵抗と適応の総体的なプロセスとしてアメリカン・アフリカン文化を理解しようとするミンツの姿勢の現れといえる。[24]

次に確認しなければならないのは、敵産家屋を捉える視角である。ミンツは、人が具象を通して自己意識と価値観を表現し、たがいに意思の疎通をおこなうがゆえに、「物質文化」の重要性を指摘する。「家」は材木や屋根葺きの材料などの集合体以上の何かで、「庭」は家に隣接した地面以上の何かであるという。敷衍するならば、カリブ海諸島の「家」と「庭」は、アフリカから強制連行され、奴隷とされた人びととその子孫の抵抗を証言する例ともいえるのである。「文化は時代の要請や思想に見合った形をとる。カリブ海諸島の家々も、歴史の産物という観点からだけではなく、人びとの行動の脈絡のなかで捉えなくては意味がない」[25]というミンツの言葉は、敵産家屋を考えるうえで示唆深い。歴史的な価値をもつ文化財として保存するのではなく、人びとが今も使いつづける家屋に着目することによって初めて、敵産家屋から人びとが生き抜こうとする意志、「抵抗」を読み取ることが可能になるのである。

奴隷制において、被支配者に与えられたのは、抵抗か適応かという二択だけではなかった。むしろ、人びとは過酷な日々を生きのびるために被支配状況への適応を土台として抵抗してきたのである。このような観点から考えると、解放後、韓国の人びとが敵産家屋を使ってきたことは、植民地支配というダメージをそれぞれが抱えながらも生活を成り立たせるための、抵抗の足がかりということができるだろう。敵産家屋を使ってきた人びとが、家屋の物理的な限界に直面しながらも、みずからの暮らしに適応させるために創意工夫してきた点は重要である。韓国の人びとにとって敵産家屋を使う経験は

「日式という異質の住空間に旧来の生活様式を持ち込み、そこに自らの生活を展開させようとした行為」[26]であった。ならば、敵産家屋は植民地支配の痕跡であると同時に、解放後を生きのびてきた韓国の人びとの抵抗の証といえるだろう。

もちろん、解放後の朝鮮半島において、日本による植民地支配の痕跡を消すことは新たな国家建設のために避けて通れない道であった。たとえば、メディア・文化研究を専門とする金成玟《キムソンミン》は、解放後の韓国において日本の大衆文化が否認されながらも欲望されるダイナミズムを描いている。[27]ここで重要なのは、解放後の韓国で日本の大衆文化が完全に排除されたのではなく、状況と折り合いをつけながら人びとに受容され、そこに解放後の韓国を生きる人びとの文化的営為が見出せる点である。本書もまた、植民地支配によってもたらされた状況を受容しつつも、みずからの生活を維持して生き抜こうとする意志に焦点を当て、それを具象化する創意工夫として「敵産家屋」を捉えたい。

三、植民地支配に関する認識と今日の社会構造

敵産家屋を解放後の人びとの抵抗の証として位置づけても、なお考えなければならない問いが残されている。それは、日本軍「慰安婦」問題や元「徴用工」訴訟など、植民地支配の歴史をめぐって、日本と韓国の国家間対立が激しさを増す今日、なぜ敵産家屋を論じなければならないのか、という問いである。

これに対する一つの応答として考えられるのは、一九四五年以降生まれの「ポスト世代」(28)がみずからの生きるポストコロニアルな構造を捉える契機としての可能性である。日本の敗戦から八十年近くが経過し、帝国主義の暴力を受けたり、それを見聞きしたりした当事者は減り、日韓両国において植民地支配の歴史に対する社会的な関心は薄れつつある。こうした今日的状況において、現在の社会が依然としてポストコロニアルな構造に規定されているという指摘は重要である。たとえば、テッサ・モーリス＝スズキは「過去への連累」という概念を用いて、次のように論じた。

今生きているわたしたちをすっぽり包んでいるこの構造、制度、概念の網は、過去における想像力、勇気、寛容、貪欲、残虐行為によってかたちづくられた、歴史の産物である。こうした構造や概念がどのようにしてできあがったのかはほとんど意識されない。しかし、わたしたちの生は過去の暴力行為の上に築かれた抑圧的な制度によって今もかたちづくられ、それを変えるためにわたしたちが行動を起こさないかぎり、将来もかたちづくられつづける。過去の侵略行為を支えた偏見も現在に生きつづけており、それを排除するために積極的な行動にでないかぎり、現在の世代の心のなかにしっかりと居すわりつづける。そうした侵略行為をひきおこしたという意味ではわたしたちに責任はないかもしれないが、そのおかげで今のわたしたちがこうしてあるという意味では〝連累〟している。(29)

また、東アジアの帝国・植民地主義と歴史責任の問題を研究する人類学者の古賀由起子は、この十数年で顕著になった帝国主義に発する過去の清算への要求――虐殺・奴隷制への謝罪と賠償、略奪した文化財の返還、医学・民俗学研究などの目的で収集された人体標本や遺骨の返還など――を「脱植民地化（decolonization）と脱帝国化（deimperialization）とが密接に絡み合った帝国解体（unmaking of empire）と呼べる大きな地殻変動の節目で起きるべきだった移行期正義（transitional justice）を、数十年遅れで試みようとする動き」[30]と捉える。本来ならば帝国の終焉後、すみやかに過去の帝国主義の暴力が清算されるべきである。にもかかわらず、帝国に対する責任の追及は先送りされ、脱植民地化の過程で被害者は沈黙を強いられたのである。こうした状況を受けて東アジアで一九九〇年代半ばから展開されたのが、戦後補償裁判運動である。この運動は、日本軍「慰安婦」や強制連行などの被害者が日本の市民と力を合わせ、司法を通じて歴史的暴力に対する正義を求める運動であり、「日本帝国の解体過程で起こるはずだった移行期正義のかわりに、この歴史的な地殻変動の節目が移行期不正義（transitional injustice）とでも呼ぶべき契機となった、という点」[31]を明らかにした。

古賀は、日本国憲法の権利体系から旧植民地や帝国の人民を排除する「法による帝国の忘却」、被害者側が救済されなかったのとは対照的に、加害者側が不当な利益（補償金）を享受する「倒錯した賠償」、国家レベルでの和解と開発援助が優先され、被害者個人が社会的沈黙を強いられる「外交的棄民」という三通りの例を挙げ、移行期不正義によって負債が積み重なっていったことを指摘した。そして、膨れ上がった累積負債の清算の必要性について、次のように述べる。

> 移行期不正義が照らし出す負債が示唆するのは、「前世代からいやいや継承した負の遺産」と考えられていた問題が、実は今日的な問題であり、現代社会の抱える負債をも含むものであったということ、そして帝国後の世代は、帝国の負の遺産の継承者というよりは、債務の当事者であるという認識の転換を迫るものである、という点である。(32)
>
> （古賀由起子「帝国の遺産――なぜ歴史責任をいまだ問うのか」）

こうして、みずからを取り巻くポストコロニアルな構造を自覚し、債務の当事者であると認識を転換したポスト世代は、いかなる責任を引き受けうるのだろうか。

言語哲学の立場から「公正《フェアネス》」を論じた朱喜哲《ちゅひちょる》は、ジョン・ロールズが構想した「公正としての正義」を社会構造の問題としたうえで、社会によってもたらされた不正義に対して構造の中で生きる個々人が果たしうる責任を検討する。ここで朱喜哲が参照するのは、構造的不正義についての責任を「過去遡及的な責任」と「未来志向的な責任」に区分する政治哲学者アイリス・マリオン・ヤングの議論である。「過去遡及的な責任」とは、構造的不正義が立ち現れ、放置されている原因を過去のプロセスを遡って特定することによって割り当てられる責任である。これに対して「未来志向的な責任」は、現状の社会構造を変化させ、不正義を解消していかなければならないという責任である。この責任は、過去遡及的な責任の割り当ての実践的な成立如何を問わず、構造的不正義をもたらし、現存させているプロセスにみずからが何らかのかたちで関わっているという直感に根ざす。(33) 戦後補償裁判に代表される過去遡及的な責任の追及は、ポストコロニアルな構造に規定されて生きるポスト世代に対して未来志向的な責任を呼び起こす契機となりうるだろう。

一方、林志弦《イムジヒョン》の「犠牲者意識ナショナリズム」をめぐる議論は、「記憶」に焦点を当てることによって、ポスト世代の植民地支配に対する認識転換が一筋縄ではいかないことを浮かび上がらせる。

犠牲者意識ナショナリズムとは、植民地主義、戦争、ジェノサイドなどで「犠牲となった前世代の経験と地位を次世代が世襲し、それによって現在の自分たちの民族主義に道徳的正当性と政治的アリバイを持たせる記憶政治の理念的形態」(34)である。議論の前提となるのは、「記憶のグローバル化」である。林志弦によると、第二次世界大戦によって国境を越えた移動が増え、異なるルーツをもつ人びとが出会い、それぞれが有していた集合的記憶――たとえば、米国の奴隷制、植民地主義ジェノサイド、ホロコーストの記憶など――が絡み合うようになった。一方で、記憶は過去に対する認識論的な政治であり、植民地主義、戦争、ジェノサイドなどの記憶は冷戦体制の制約を強く受けてきた。しかし冷戦体制の崩壊によって、これらの記憶は東西両陣営のイデオロギー的な縛りから抜け出し、犠牲者たちの人権への普遍的な関心が世界的に高まった。そして、「自国や社会の集合的記憶を批判し、他民族ひいては敵対する民族の痛みにも共感する新たな記憶文化」(35)がグローバルな記憶空間に登場し、連帯をめざすようになったのである。こうして、二十一世紀は「記憶のグローバル化」の時代となった。

だが、グローバルな記憶空間に現れたのは、脱領土化された批判的記憶だけではなかった。普遍性を有する犠牲の記憶を民族主義的な記憶として再領土化しようとする動きや、否定する動きがグローバルな記憶空間に登場し、記憶をめぐる戦争の様相を呈するようになったのである。犠牲者意識ナショナリズムという概念は、この記憶のグローバル化という歴史的条件における民族主義のあり方を明らかにするものとして論じられている。

ここで、なぜ「記憶」なのかは重要である。林志弦は激しく対立する戦後日本の民族主義と朝鮮半島の民族主義が実際には共犯関係を享受する、一見敵対的にみえる共犯関係にあるという。日本の右翼の歴史否定論が韓国の反日民族主義を正当化し、韓国の民族主義による日本バッシングが日本の右翼の民族主義を強化する。このように、激しい対立によって互いを正当化し、強めていくのが両国の民族主義の共犯関係である。この関係を解体する作業のためには「過去の出来事が事実かどうかを質す「歴史」にとどまるのではなく、過去に対する認識論的な政治である「記憶」の問題へと押し広げざるをえない」[36]と林志弦は述べる。なぜなら、グローバルな記憶空間という舞台の上で、民族主義の敵対的共犯関係が展開され、人びとの日常の思考と実践を強固に支配しているからである。

ポスト世代の植民地支配に関する認識に対して、記憶のグローバル化はいかなる影響を与えうるのか。参考になるのが、林志弦が「過剰歴史化」[37]という犠牲者意識ナショナリズムの表れ方を論じた際に用いたハンナ・アーレントの「集合的有罪（collective guilt）」と「集合的無罪（collective innocence）」という概念である。ここで集合的有罪とは、個々人の考えや行為とは関係なく、ただドイツ人であるという理由のみでホロコーストの罪を、日本人だからと南京虐殺の責任を問うような思考方式である。「集合的無罪」はその反対に位置する思考方式であるが、両者は同じ論理を共有しており、相互に補完し、正当化する関係にある。そして、「集合的無罪」という思考方式によって犠牲者民族という集合的過去の陰に隠れて個人の加害の記憶を消す現象が「過剰歴史化」である。林は集団に属するすべての人を有罪、あるいは無罪と決めつける思考方式は、結局は誰にも罪を問えない状況を作ってしまうというアーレントの指摘をふまえ、過剰歴史化を批判する。

ここで考えてみたいのは、ポスト世代の植民地支配に関する認識転換が、「集合的有罪」、あるいは「集合的無罪」の隘路に陥る可能性である。日本による朝鮮半島の植民地支配が「歴史」ではなく「記憶」の問題としてすり替わり、日本人は集合的有罪となり、韓国人は集合的無罪となるならば、モーリス＝スズキや古賀由起子の企図とは異なる事態が生じる。だが、記憶のグローバル化の時代において、この可能性が皆無であるとは言いがたい。

四、地域コミュニティと敵産家屋

そこで本書が提起するのは、世代を超えて植民地時代から集合的に受け継がれる具体的な都市や建築物から出発する方法である。都市や建築物がただ残っている、使われている事実が重要なのではない。そうではなく、植民地時代から人びととともにありつづけ、その生活を支えてきた都市や建築物をめぐるモノグラフィックな記述が、ポスト世代が植民地支配を再考する際の拠点になりうるのではないか。記憶のグローバル化の時代である今日、植民地支配の「歴史」だけでなく、それを取り巻く「記憶」をも考慮する必要がある。

だが、林志弦の議論から明らかなように、グローバルな記憶空間で起きる記憶の戦争は、民族主義の敵対的共犯関係を強固にする。したがって、まぎれもなく植民地支配によって生み出されたにもかかわらず、植民者だけでなく被植民者、さらには解放後の人びとにも使われつづけてきた具体的な都市や建築物は、ナショナリズムを超えて植民地支配を考えるヒントを与えるだろう。
また、林志弦が朝鮮人戦犯の弁明とそれを擁護する韓国社会の記憶を構成する「集合的無罪」の論理に対して、「歴史的行為者の具体的な生」や「歴史の下位主体である個人の草の根記憶」の重要性に言及していることにも注目したい。[38]もちろん、「犠牲者意識ナショナリズムの説得力と破壊力は、支配権力の公式記憶と下位主体の草の根記憶が一国の中で絡み合って作り出す緊張関係から生まれる」[39]という指摘からわかるように、国家/民族の記憶と草の根の記憶は、二項対立的に捉えうるものではなく、互いに影響を与え合う。だが、草の根の記憶の中には国家/民族の記憶を相対化し、民族主義の敵対的共犯関係に打撃を与えうるものもある。本書は世代を超えて植民地時代から集合的に受け継がれる都市や建築物に焦点を当て、国家/民族の記憶ではなく、それらに影響されつつも、高い独立性を維持する具体的な草の根の記憶を生活の立場から描く。[40]
具体的な都市や建築物をめぐる草の根の記憶とは、いかなるものだろうか。朝鮮半島と同じく、日本による植民地支配を受けた台湾には、かつての支配者である日本人を神として祀る草の根の信仰がある。文化人類学者の三尾裕子を中心とする研究チームは台湾における「日本神」として三六種の神について四十九カ所の廟を調査した。[41]この日本神という名称は、三尾らが便宜的に使用しているもので、台湾で日常的に使われているわけではない。この研究を遂行するために設定された日本神の定義は次の通りである。

（一）日本を出自とする伝承をもつこと。そのほとんどは、明治維新以後、何らかの理由で台湾に渡ってきていること、そしてその多くが台湾や台湾近海で没したか、あるいはアジア・太平洋戦争時に、台湾やその近海で没した日本人の霊魂や遺骨、あるいはそれらに関係するモノ（木牌）であることもある。ただし、祀られている日本人が実在者であるかどうかは、問われないことが多い。

（二）祠廟や民宅で奉祀されており、神像あるいは神位（神の名称が記載された位牌に似た形状をもつ木、石などで作られた板）を持つ。

（三）顕霊して何らかの霊威を顕す。霊威があることによって、奉祀されることになる。また奉祀されることによって、現世利益的な効果を及ぼす。(42)

（三尾裕子編『台湾で日本人を祀る——鬼から神への現代人類学』）

三尾裕子の記述によると、祀る対象が日本に由来する人物であることは日本支配の肯定と受け取る余地があるため、戦後の中華民国政府にとって不都合であり、日本神信仰は一定程度抑圧されたようである。旧日本軍の軍服姿の神像を祀るにはそれなりの工夫が必要で、神像を中国風とした日本神、日本を直接的に彷彿させない名称に変更した日本神もいた。だが、三尾らは日本が植民地時代に持ちこんだ宗教ではなく、台湾の民間信仰という文脈において日本神を解釈すべきであると主張する。すなわち、ポストコロニアル状況において台湾の人びとが日本神信仰を生み出したのである。

この研究で調査された台湾の日本神は、誰もが知っている有名な廟というより、むしろそれぞれの地域にひっそりと存在している事例がほとんどであるという。現地をよく知る人に先導してもらわなければたどり着けず、それぞれの神に関する由来伝承も現地を訪れなければ知りようがない。こういった記述からうかがえるのは、日本神が特定のコミュニティによってローカルな存在として位置づけられていることである。

三尾らの日本神の定義からは外れるが、台湾東部の神社跡に関する西村一之の事例研究は、植民地時代から受け継がれてきた具体的な建築物とコミュニティの関係を考えるうえで示唆深い。アミという先住民族の住むある集落では、一九二七年に建立された神社が植民統治終了以降、放置されてきた。ところが、二〇〇六年にそれまで打ち捨てられてきた神社のコンクリート製の台座の上に、神社風の建物が載せられた。集落に住む高齢者が日本統治期を思い起こすことができると同時に、若い世代が日本統治期の集落の歴史にふれることができる場として、地域振興に携わる集落住民の主導で公園として整備されたのである。その後も調査を継続する西村によると、この公園は利用と放置が繰り返されているという。この事例では、日本統治の歴史と切り離せない神社跡が、地域コミュニティの歴史を伝えるため、あるいは地域振興のためといった住民の意向に沿って、形を変化させながら残されている。この神社跡の変化は地域コミュニティの住民による神社跡の社会的な位置づけの変化の現れといえるだろう(43)。

これらの事例からうかがえるのは、植民地時代から受け継がれてきた具体的な建築物に焦点を当ててみることで、地域コミュニティの記憶が浮かび上がってくることである。中華民国政府が日本神信仰を抑圧したように、この地域コミュニティの記憶を植民地支配の痕跡として、あるいは国家や民族にとって取るに足らないノイズとして切り捨てるのは容易である。しかしながら、ここにこそ可能性がある。植民地支配がなければ存在しえない具体的な建築物の上に築かれた人びとの生活の記憶を足場とすることで、ポスト世代は植民地支配構造とその責任を再考できるのではないか。

本書が対象とするのは、大邱広域市中区の北城路《プクソンノ》という地区に残る「敵産家屋」である。この北城路では、植民地時代から現在に至るまで敵産家屋が使われつづけてきたのみならず、二〇一〇年代からは一部の敵産家屋を復元し、保全する動きがみられる。保全の理由として強調されるのは、都市の歴史という文脈であり、北城路という地域コミュニティのユニークさである。敵産家屋を保全して使いつづけることによって、敵産家屋と地域コミュニティの関係は問いなおされる。敵産家屋を地域コミュニティとの関係において社会的に位置づけようとする試みは、ポスト世代が植民地支配について考える契機を模索する本書の目的とも通ずる。

日本思想史や比較文学を専門とする酒井直樹は、ポスト・コロニアルという語における「ポスト」は「「ポスト・ファクトゥム（post factum）」であって、それは「後の祭」という意味での、「取り替えしがつかない」あるいは回復不能な（irredeemable）事態に於ける「ポスト」である」[44]ことを喚起させる。本書は、植民地支配を受けてなお存在しつづけた北城路――敵産家屋がいまだ立ち並ぶ北城路――にこそ、向き合わなければならない。取り替えしがつかない、回復不能な状況にまで至った都市の中から北城路を見出す手がかりとなるのは、植民地時代から受け継がれてきた地域コミュニティの記憶である。この記憶を受け止め、未来につなげようとする市民運動の展開を描くことによって、ポスト世代が植民地支配構造と向き合う方途を探ってゆきたい。

五、本書の構成

本書は六つの章と補章からなる。

第一章と第二章では北城路の歴史を確認したうえで、北城路の敵産家屋を使いつづけてきた人びとの実践に焦点を当て、人びとが敵産家屋を生活の拠り所としながら生き抜いてきた様子を描く。

日本による植民地支配下、近代化の障壁とされた大邱邑城《テグウプソン》が日本からの植民者の主導で撤去され、その跡地に「元町《もとまち》」という繁華街が開発された。解放後は、朝鮮戦争の影響を受けて、資材や工具、機械流通の拠点となり、数多くの町工場が立ち並ぶ工業地域「北城路《ブクソンノ》」となった。第一章「なぜ北城路に敵産家屋が立ち並ぶのか」では、北城路で働く人びとの語りを用い、彼らの目から見た北城路の歴史を再構成する。第二章「敵産家屋で工具を売り、機械を作る」では、北城路で働く人びとの実践に焦点を当てる。数多くの敵産家屋が残る北城路で工具商人たちは工具を売り、町工場の技術者たちは製品を作り、機械の修理をしてきた。これらの実践の記述を積み重ねることによって、北城路が都市のコモンズとして浮かび上がってくる。

第三章と第四章では、市民運動による敵産家屋の保全について考察する。

第三章「敵産家屋を都市の歴史に位置づける」は、大邱の市民運動に関する章である。二〇〇〇年代はじめ、大邱のある市民団体が都市の歴史をみずからの足を使って明らかにする活動を始めた。この「大邱の再発見」という市民運動が調査の対象とした建物の中には、日本による植民地時代に建てられた敵産家屋も含まれる。特にこの敵産家屋を都市の歴史に位置づける論理に焦点を当てて、市民運動を考察する。第四章「敵産家屋が可視化する地域コミュニティの履歴」では、市民運動の成果が都市の景観に結びつけられた結果として北城路に現れた敵産家屋保全を取り上げる。北城路には植民地時代から一九六〇年代にかけて建てられた家屋や店舗が数多く残されており、二〇一〇年代に入るとこれらをリノベーションして活用する事業が官民協働で実施された。植民地支配下の歴史のみならず、解放後の人びとの生活実践の履歴をも可視化するしかけとして敵産家屋が保全される過程を明らかにする。

終章「地域コミュニティに受け継がれる敵産家屋」では、一九九〇年代後半から本格的に始まったグローバル化によって、韓国の地方都市が直面した二つの圧力——アーバニズムの江南化とローカリティの商品化——を確認し、それをふまえたうえで都市のオルタナティヴをめざすために北城路で展開された市民運動を検討する。植民地支配下の元町と現在の北城路を資本主義体制の連続性のなかで捉え直すと、敵産家屋が市民運動の抵抗の拠点となりうることがわかる。日本帝国主義の残滓とされる敵産家屋に手を加え、使いつづけることによって、内部から都市を作り変えようとする市民運動の可能性を論じたい。

補章「植民地朝鮮の大邱《たいきゅう》を読み継ぐ」は、ここまで論じてきた市民運動を契機として韓国語に翻訳出版された、森崎和江『慶州は母の呼び声』をテキストとして取り上げる。大邱の旧三笠町、つまり現在の三徳洞の産院で植民二世として生まれた詩人・作家である森崎和江の歩みと作品について紹介し、筆者が訳者の一人として関わった『慶州は母の呼び声』韓国語翻訳出版の概略を示す。そして、インターセクショナリティという概念を手がかりとしてテキストを読み解くことによって、世代を超え、国境を超えて読まれようとしているこの作品の可能性を論じる。この翻訳出版は、日韓のポスト世代が人びとの具体的な暮らしから植民地支配を再考する手がかりを共有する試みであり、本書が論じる敵産家屋保全とは方法こそ違えども相通じるものがある。また、植民地支配下の大邱における森崎の体験から植民地朝鮮を再考することは、主に解放後の北城路に焦点を当ててきた本書を補うであろう。

解放から八十年近く、敵産家屋とともに歩んできた人びとの暮らしが北城路にはある。

敵産家屋の保全とは、この暮らしに正面から向き合うことである。北城路に暮らし、働き、市民運動に携わる人びとの力を借りて、植民地主義を再考する方途を探ってみたい。

第一章

なぜ北城路に敵産家屋が立ち並ぶのか

一、韓国の地方都市・大邱

大邱《テグ》は朝鮮半島の東南部である嶺南《ヨンナム》地方の内陸中央に位置し、ソウル、釜山に次ぐ、韓国第三の都市とされる。地方行政区画としては広域市に該当する。朝鮮半島の地方は古くから「道」という区画に分けられており、韓国には現在九つの道が設けられている。韓国では都市化にともない主要都市が道から分離され、道と同格に扱われるようになった。広域市とは、こうして道と同じ第一級行政区画となった都市に付けられた行政区画名の一つで、日本の政令指定都市に近い。大邱広域市の人口はおよそ二四〇万人で、日本の地方自治体に当てはめるならば名古屋市と同じ程度の人口規模である。(1) 韓国内で、大邱は保守的な都市というイメージが非常に強い。本論に入る前に、「大邱＝保守」という図式が韓国社会に根づいた経緯について、ごく簡単に言及しておこう。

実は、大邱が保守的な都市とみなされるようになったのは、半世紀ほど前からに過ぎない。それどころか、朴正熙《バクチョンヒ》（一九一七－一九七九）が軍事クーデタで政権を掌握するまで、大邱は「朝鮮のモスクワ」と呼ばれるほど革新勢力が強い都市であった。植民地支配下の大邱は、一九〇七年に日本からの借款を国民の募金で返済して国の主権を回復しようとした国債補償運動が始まった抗日運動の本拠地であった。解放後も、一九四六年に南朝鮮全土を巻き込む米軍政への大規模蜂起の発端となった大邱十月事件(2)が起きた。一九六〇年には大規模な不正選挙に反発した民衆運動が李承晩《イスンマン》（一八七五－一九六五）政権を倒した四月革命が起きたが、この口火となったのが、大邱の高校生が独裁政権に反対して立ち上がった二・二八大邱学生義挙とされている。このように、大邱は植民地時代から左派が多い都市として知られていた。

しかし、朴正熙が政治の表舞台に登場したことにより状況は一変する。朴正熙は大邱の北西に位置する亀尾《クミ》の貧しい農家に生まれ、大邱師範学校を卒業した人物である。彼は一九六一年に軍事クーデターで政権を握った後、みずからとゆかりの深い大邱・慶北（慶尚北道）地域の左派勢力を残忍かつ執拗に弾圧した。背景には、アメリカから政治的な後ろ盾を得なければならなかったことがある。その後、朴正熙は大邱・慶北地域出身者を重用し、地域縁故主義を活用して政権を運営していった。これらの地域では鉄道や道路といった交通インフラが優先的に整備され、工業化も積極的に進められた。こうして大邱は、朴正熙の軍事独裁政権下で反共主義と地域主義を二本柱とする保守的な都市に生まれ変わったのである(3)。

朴正熙が種を蒔いた地域縁故主義は、慶尚道と全羅道の地域対立を激化させた。一九八〇年五月に起きた光州事件は、この対立を象徴するような事件であろう。光州事件とは、一九七九年に朴正熙が暗殺された後に軍事クーデターで権力を掌握した慶尚道出身の全斗煥《チョンドゥファン》（一九三一－二〇二一）政権が、全羅道の光州市で起きた市民による民主化要求運動を徹底的に弾圧した事件である。活動家や学生、市民に多数の死傷者が出たが、その後も軍事政権は続き、事件が公に語られるようになるには、一九八七年の民主化宣言を待たなければならなかった。

　朴正煕の暗殺から四十五年が経ち、一九八七年の民主化宣言から三十七年が経過した現在も、「大邱＝保守」という図式は変わらず、韓国の地域対立も解消されてはいない。全羅道出身の金大中《キムデジュン》（一九二四－二〇〇九）を除き、歴代大統領の多くは慶尚道出身である。また、大統領選挙や国会議員選挙といった国政政党の結果は、しばしば慶尚道と全羅道ではっきりと分かれる傾向にあり、大邱は保守の牙城でありつづけている。反共軍事政権の流れをくむ保守政党の地盤・慶尚道と、民主化運動の出身者が中心となる革新政党の地盤・全羅道の対立という韓国内の文脈において、大邱は保守的な都市として位置づけられているのである。

二、人口からみた大邱の日本人植民者

　大邱が都市として本格的に発展したのは、朝鮮王朝時代である[4]。十四世紀後半に朝鮮が建国されて以降、農作物の主要生産地となっていった大邱では人口が徐々に増え、嶺南の内陸交通の要衝として位置づけられるようになった。一六〇一年には慶尚道の長である観察使が執務を執る官庁の慶尚監営《キョンサンカミョン》[5]が置かれ、嶺南地方の行政・交通・軍事を統括する中心地となっている。日朝修好条規[6]が締結された一八七六年、大邱の人口は約一万八〇〇〇人だったという[7]。

本書が取り上げる「敵産家屋」は、「内地人」と呼ばれた日本人植民者たちによって建てられた。したがって、まず、日本人がどのように大邱に流入し、定着していったのかを確認しておく必要がある。

大邱は、外交条約によらず日本人の居留が黙認された地域の一つであった。[8] 日清戦争の前年である一八九三年、最初の日本人が大邱に住みはじめたのを皮切りに、[9] 京釜線大邱駅建設を契機として、多くの日本人がやってきた。一九〇三年にはたった七六人だった日本人が大邱駅の開業した一九〇五年には一五〇〇人を超え、一九一〇年には六〇〇〇人に迫る勢いにまで増加している。[10] 一九一七年には日本人の人口が一万人を超え、ピークの一九三〇年にはおよそ三万人に達した。[11] 後述するように、人口的には常にマイノリティであった大邱の日本人植民者たちは、組織化し、大日本帝国の庇護のもとでその権限を強化することによって、存在感を強めていった。一九〇三年に大邱に移り住み、大邱の日本人の草分け的な存在であった三輪如鐵は、大邱の日本人植民者たちが組織を徐々に整えていった経過を次のように説明する。一九〇〇年、当時のすべての大邱在留日本人一〇名前後が日本人会を設立した。だが、急激な人口の増加に対応できず、この日本人会は一九〇四年一月活動を終える。その後、一三〇人ほどが入会する日本同胞会が設立されたが、運営が安定しなかったため釜山領事に相談し、一九〇四年八月に解散、新たに日本居留民会を組織した。この日本居留民会は徴税権を与えられ、自治団体として成立した。そして一九〇六年十一月一日には大邱で居留民団法が実施され、日本居留民会は大邱居留民団へと改組されたという。[12] 入植して間もない大邱の日本人は、このような組織化を通じて社会に対する政治的な影響力を強めていったのである。のちに進められた大邱の都市開発では、大邱居留民団が大きな力を発揮することとなる。

居留民の移住が植民地支配に先行していた点に着目して在朝日本人社会の形成を考察した歴史学者の李東勳《イドンフン》は、二〇一九年に刊行した著書で朝鮮半島における植民地都市を三つに類型化する。（一）開港場から都市へ成長した「開港場型（釜山、元山、仁川など）」、（二）朝鮮在来の城郭都市から植民地都市へ成長した「雑居地型（ソウル、平壌、大邱など）」、（三）日本人の流入によって形成された「新市街地型（大田、鳥致院、新義州など）」である。大邱が代表的な例の一つとして挙げられている雑居地型の都市の場合、朝鮮人と日本人の居住地域が分離しているが、民族間の接触は比較的頻繁であった。[13] そこで、次に朝鮮人を含めた大邱の人口を概観する。

一九一四年から一九三七年の統計から人口の推移を確認すると、基本的に大邱の人口は増加傾向にあったことがわかる。[14] 一九一四年におよそ三万二〇〇〇人程度だった人口は、十年後の一九二四年には六万六〇〇〇人と倍以上になっている。人口が一〇万人を超えた一九三〇年以降、増加幅は小さくなったが、それでも人口は増えつづけ、一九三七年には一一万人を超えた（表1）。

日本人と朝鮮人の人口比を確認すると、一九一四年、大邱の全人口に対する日本人の比率は二割強だったが、徐々に増えて一九一七年には三割に達する。その後、一九二〇

表1　植民地支配下の大邱府人口（1914-37）

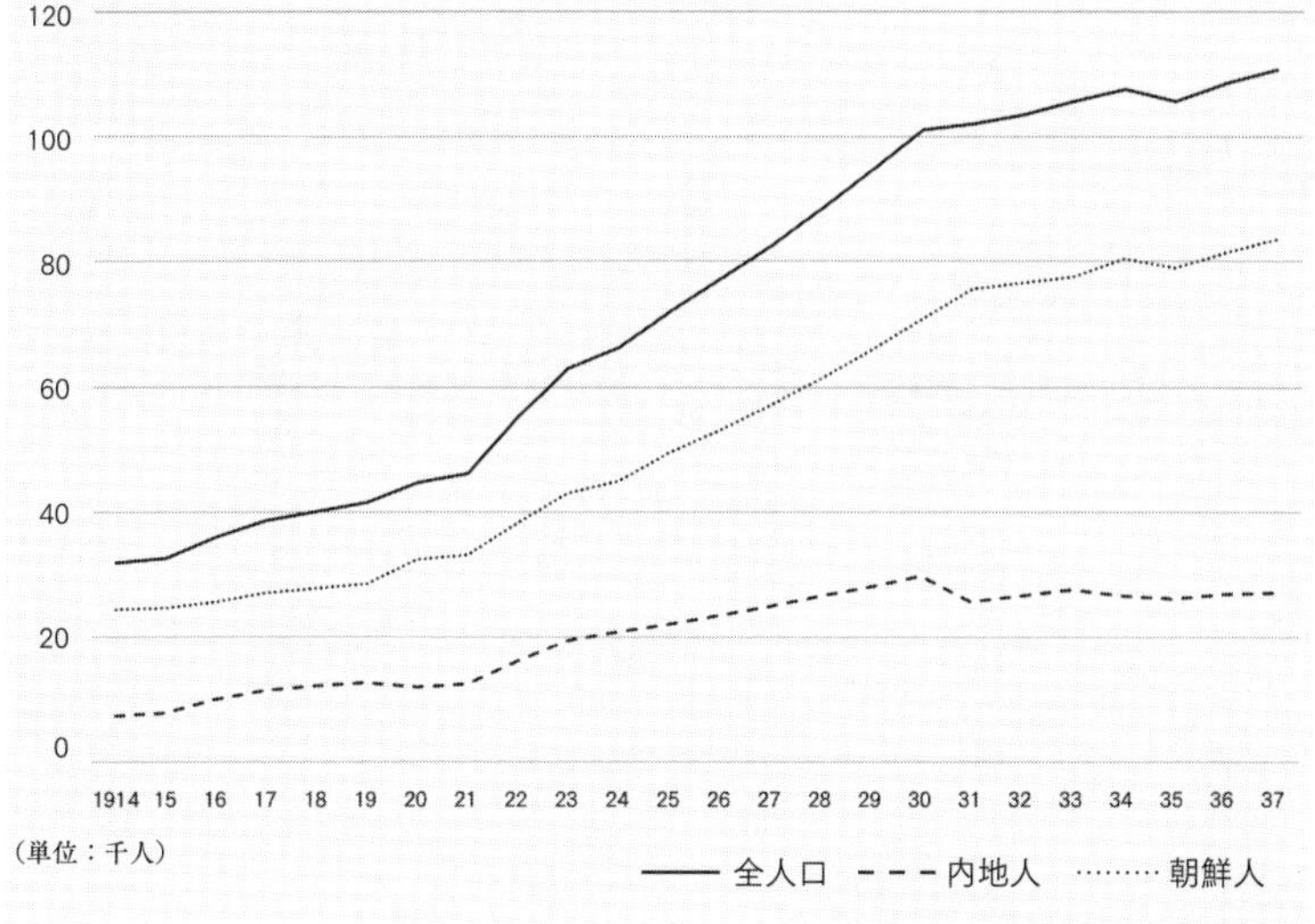

出典：『朝鮮総督府統計年報』から筆者作成

年から一九二二年にかけてこの比率がふたたび三割を切る。

植民地時代に日本語で書かれた大邱の郷土史料を研究し、韓国語への翻訳作業を進める日本近代文学研究者の一人である崔範洵《チェボムスン》によると、これは一九一九年の三・一独立運動の余波、あるいは朝鮮総督府が地籍を確定させて地税を徴収することなどを目的として実施した一九一〇年代の土地調査事業以降に農村を離れた朝鮮人の都市流入による一時的なものであった(15)。一九二三年には日本人の比率が三割を回復し、一九三〇年頃まで維持される。満州事変が起きた一九三一年、日本人の比率は二割五分に下がるが、その後一九三七年まで安定している。およそ三割程度という大邱の日本人の比率は、当時の朝鮮半島で五本の指に入る高さであった[16]。

三、日本人植民者と北城路の成り立ち

大邱における日本人植民者の流入と定着の具体的な様相を考えるうえで、鍵となるのが「大邱邑城《ウプソン》」である。そこでここでは邑城に焦点を当て、韓国における近代都市景観の形成の歴史を考察した布野修司らの研究を手がかりとするところから始めよう[17]。

邑治《ウプチ》とは、朝鮮王朝時代に地方行政官の官庁が置かれた土地で、地方の政治や経済、文化の中心としての役割を果たしてきた。なかでも城壁に囲まれた邑治を邑城《ウプソン》と呼ぶ。邑城は高麗時代から朝鮮時代の初期にかけて建設され、最盛期には邑治の半数以上に邑城が存在したという。各地方に設置されていた邑城の中心には、賓客を接待するための施設である客舎《ケクサ》、中央から派遣されてきた行政官が政務をとる東軒《トンホン》といった庁舎が配置されていた。特に客舎は、朝鮮王朝の権威を象徴するもっとも重要な建物であった。邑城は、儒教を国教とした中央集権国家を打ち立て、維持するための地方統治の装置として機能していたのである。邑城の多くは、日本による朝鮮の植民地化の過程において解体されていった。十九世紀末から二十世紀に入る頃には、すでに邑城を支えてきた朝鮮王朝体制が崩壊し、城壁の必要性もなくなったからである。そして、この時期にみられ

る城壁の撤去は、大邱や全州のように地方の中心地で平地にある邑城を対象とした、市街地の改造を目的としたものであった。布野らの次の文章からは、邑城の解体が日本による植民地支配を都市空間に可視化する象徴的な出来事であったことがうかがえる。

> その「邑城」に植民地化に相前後して日本人が居住し始めると、日本の統治機構のために朝鮮時代の官衙施設などを改築し、あるいは解体新築することになる。そして、土地を取得して、「日式住宅 일식《マ》주택《マ》」を建て、商店街を形成するようになる。
>
> 「邑城」は、こうして「韓国の中の日本」となった。[18]
>
> （布野修司＋韓三建＋朴重信＋趙聖民『韓国近代都市景観の形成』）

大邱邑城は一七三六年に築造された石城である。[19] 大邱はこの大邱邑城の城壁によって囲まれ、城壁の内を指す「城内」と城壁の外を指す「城外」に分かれていた。日本人の流入以前、都市の中心は大邱邑城の城内の鍾路《チョンノ》と呼ばれる大通りと、城外の西門外付近にあった。

日本人が急増する一九〇三年頃からは、日本人による家屋・土地の借用および売買の取引が始まった。[20] 一九〇四年の大邱府における家屋および田畑の売買等の現況をまとめた史料『各支所掌内調査成冊』を分析した洪庸碩《ホンヨンソク》らによると、日本人はそれまで空き地に近かった城外の北門外の地域と東門外の地域に新たな市街地を形成していく。しかし、大邱邑城の外から定着しはじめた日本人にとって、邑城を中心として築かれた既存の大邱はただただ不便な都市であった。

之《これ》は大邱に限らず、昔韓国の道路は狭いのみならず迂紆《ママ》曲折して運輸交通に甚だ不便である、併《しか》し積年の慣行上、韓人は少しも不便と為《し》ないが、日本人が発展すると共に人車・牛馬車の交通が繁くなるので、道路開通の議が起きて、東北門外の地積は麦の隴《うね》、野菜圃に道が開かれることになった(21)。（河井朝雄『大邱物語』）

これは、一九三一年に、ある日本人植民者が一九〇五年頃の大邱を回想して書いた文章である。大邱は、人口的に圧倒的なマジョリティであった朝鮮の人びとのためにではなく、日本人植民者社会の発展のために、新たに開発されなければならなかった。このような動きを植民者主導の「近代化」といっても差し支えないだろう。その際、被植民者である朝鮮の人びとが長い年月をかけて都市に積み重ねてきた文化や慣習が考慮されることはなかったのである。

大邱に定着した日本人にとって、大邱邑城の城壁は日本人植民者社会の発展を妨げる無用の長物であった。一九〇六年、日本人植民者の組織である大邱居留民団は、慶尚北道観察使署理であり大邱郡守の朴重陽《パクチュンヤン》に大邱邑城の城壁撤去の圧力をかけ、これを受けた朴重陽は、大韓民国の認可に先立って撤去工事に着手する。城壁が撤去されると知った人びとのなかには、いち早く城壁周辺の土地を買って資産を増やす者もいたという[22]。その後、政府が不認可を命じたにもかかわらず、城壁は撤去された。一九〇七年に撤去工事が完了すると、大邱邑城の跡地は環状道路となり、道路の両側には日本人の商店が並んだ。

大邱邑城の中心には、慶尚道の長である観察使が執務をとる監営《カミョン》があった。また、鍾路という通りが城内の商業の中心だったが、これは南門から北にのび、監営の左側で曲がって西門に至る大通りであった。大邱邑城の跡地が環状道路となった後、この鍾路を北と東に伸ばした十字道路が一九〇九年に開通した。鍾路を旧東門外の日本人居住地まで伸ばしたのが東西道路であり、鍾路を大邱駅前の日本人居住地まで伸ばした道路が南北道路である[23]。大邱邑城の跡地である環状道路と旧城内を十字に横切る十字道路は、大邱駅を起点とした物資の流通の中心となり、大邱の市街地は拡大していった。なかでも、北側の城壁の跡地は大邱駅と遥拝殿（のちの大邱神社、現在の達城《タルソン》公園に位置していた）を結ぶ目抜き通りとなり、旧大邱邑城の北門外の地域と大邱駅の間に形成されていた日本人居住地が市街地の中心として大きく発展していった（図1）。

こうして大邱一の繁華街となった元町こそ、敵産家屋が今も使われつづける地区、現在の北城路である。つまり、邑城が解体された跡に開発された「韓国の中の日本」という過去を背負っていたために、北城路には数多くの敵産家屋が存在するのである。

大邱駅
朝鮮鉄道自動車会社出張所
大邱同仁医院
鴨江商会
幸町
錦町一丁目
東本町
北龍岡町
榮町
東城町一丁目
中央通
東門町
慶尚北道廳
大邱警察署
大邱郵便局
朝鮮銀行支店
大邱公立女子普通學校
柏屋旅館
大邱公立尋常小學校
大邱覆審法院
大邱地方法院
達城郡廳
吉村医院
京町一丁目
京町二丁目
東城町三丁目

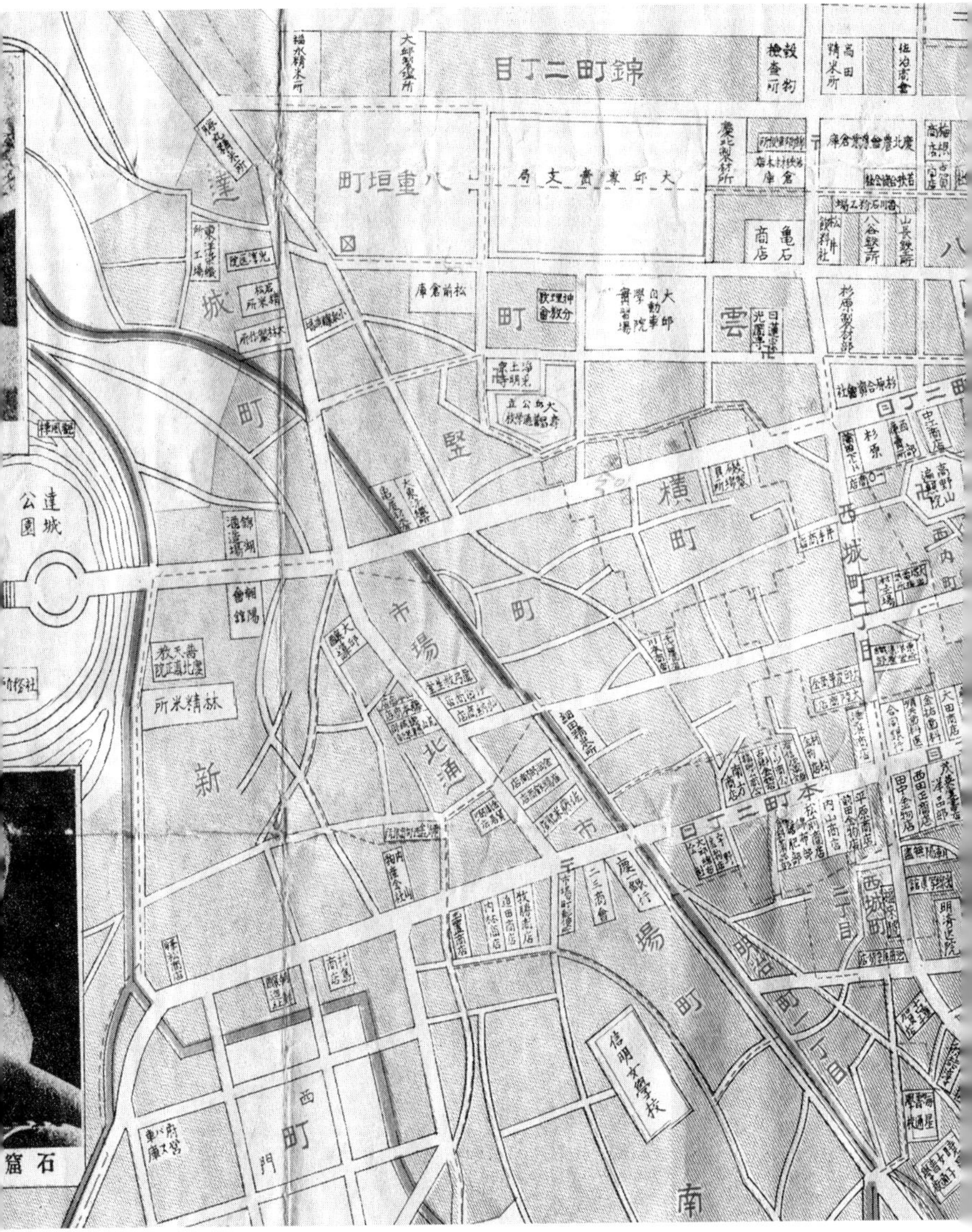

図 1
『大邱府商工案内図』（1933 年発行。「時間と空間研究所」蔵）より抜粋。
現在の地図は 59 頁の図 2 を参照

四、植民地支配下の繁華街から工業地区へ

北城路とは、大邱広域市中区城内二洞と城内三洞という二つの行政洞にまたがって、資材や工具、機械を扱う店舗、そして町工場が集まる工業地区一帯を指す地名である。大邱駅から達城公園に至るおよそ一キロメートルの北城路という通り沿いに店舗が立ち並び、その裏手に町工場が軒を連ねている（図2）。一九八〇～九〇年代の全盛期には、一〇〇〇を超える店舗や町工場が北城路にあった。二〇二〇年末時点で、およそ四二〇の工業関連店舗が営業しており[24]、その内訳をみてみると、研磨工具、ベアリング（軸受）、磁石、工業用ベルト、工業用チェーン、ギア（歯車）などの機械部品および工具を販売する店や、ブラシカッター、モーター、精米機、減速機（ギアボックス）などの機械販売店がある。他にも、防水材、断熱材、タイル、無垢板などを扱う建築資材販売店や、黄銅、ステンレス、アルミニウムなどを売る非鉄金属類販売店、さらには産業安全用品販売店、化学工業薬品販売店といった工業関連商品を売る店舗がずらりと並んでいる。

多くの店舗は卸売業と小売業を兼ねているので、一般の客も工具や機械を買うことができる。北城路を少し歩いてみるだけで、ボルトやナット、ネジのような小さい部品から、スパナやレンチ、金槌、ドライバーといった一般的な工具、さらには電動ドライバーや電動ドリル、ホットガンといった電動工具まで、ありとあらゆる工具が売られて

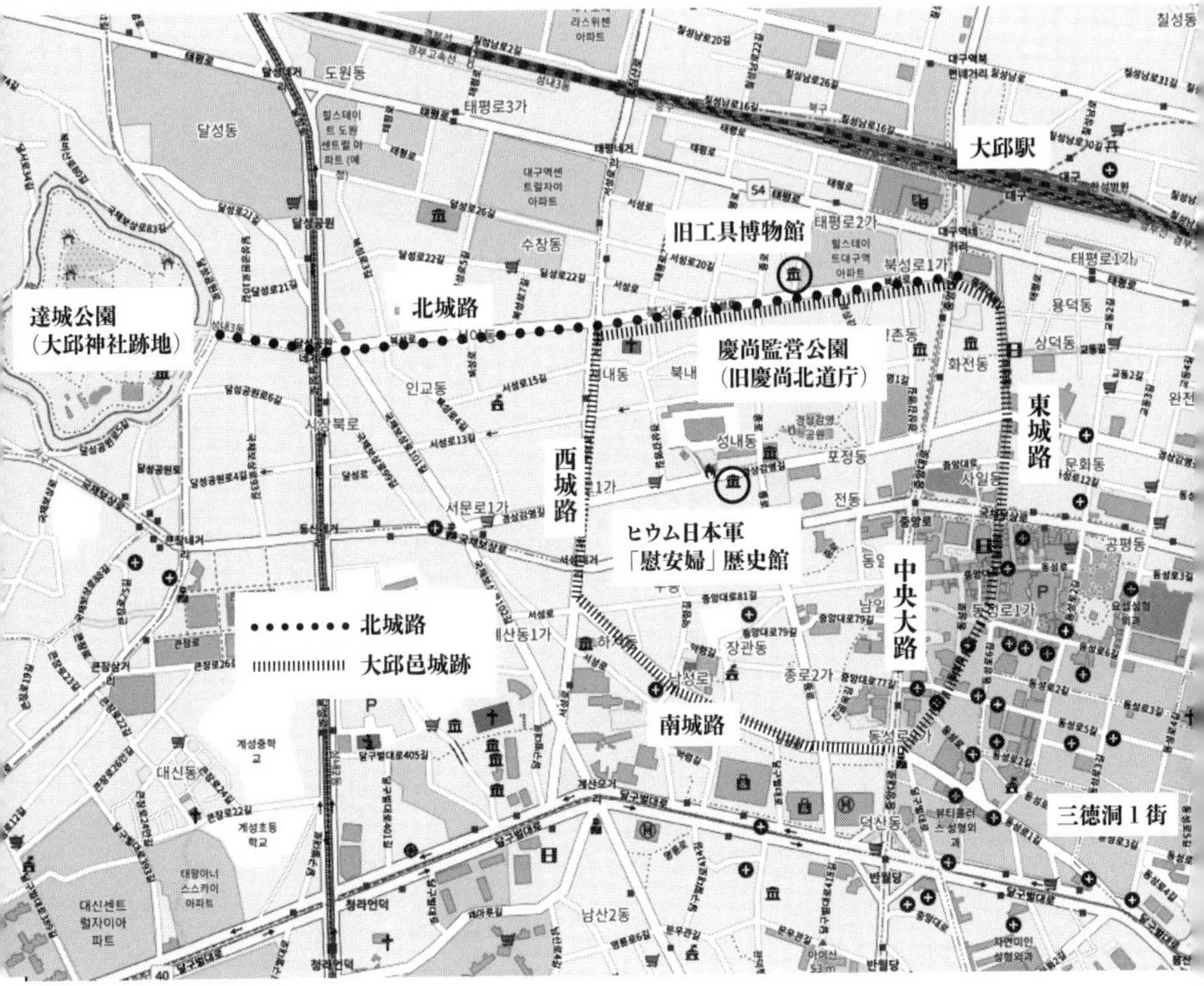

図２
現在の北城路周辺。©OpenStreetMapに筆者が日本語を附加

いるのがわかる。店頭に並ぶ機械へ目を向けると、発動機やポンプといったさまざまな機械の基盤となる機械部品を専門とする店もあれば、農業機械や建設機械といったエンドユーザーが直接使う機械を取り扱う店もある。

これらの店舗を取り巻く町工場では、鉄構造物製作や配管製造、木材加工、部品製作などのさまざまな製品が作られているという。北城路の町工場からは、旋盤で金属を加工する「ウィーン」という鈍い音や、溶接で出る「バチバチバチバチ」と火花が弾けるような音、金属と金属がぶつかり合う「カンカンカン」といった甲高い音が聞こえてくる。町工場で働く人びとに言わせてみると、これでもずいぶん静かになったということだが、平日の昼間に北城路を歩きながら耳を澄ませると、どこからともなく、町工場の作業音が聞こえてくるのである。日本でいうならば、東京都大田区の小規模な町工場の集まるエリアに雰囲気が近いかもしれない。

北城路のところどころには、ここで働く人びと向けの小規模な商店や食堂、タバン（茶房）[25]と呼ばれる喫茶店などがある。昼になると、北城路は少し静かになる。彼らは仕事を一休みして、近くの食堂で食事をしたり、電話で注文して自分の店まで食事を運んでもらって食べたりする。近くに住む人は自宅に帰ったり、弁当を持参して事務室でお昼を済ませたりするそうだ。また、北城路では、休憩や来客時に、近くのタバンに電話で注文してコーヒーを運んでもらうのだという。

大邱は、韓国の代表的なグローバル企業であるサムスングループの創業の地として知

図3
北城路の入口を定点観測。
上＝1930年代（「時間と空間研究所」蔵の絵はがきより）、
中＝2017年3月（筆者撮影）、下＝2023年9月（同）

られている。グループの前身である三星商会は、李秉喆《イビョンチョル》（一九一〇－一九八七）が北城路に程近い仁橋洞《インギョドン》で一九三八年に創業した貿易会社で、当時、青果や乾物を取り扱っていたという。だが、工具で知られる北城路でサクセスストーリーとして語り継がれているのは、「クレテックチェギム（CRETEC 責任）」である。一九六〇年代、北城路と仁橋洞一帯で工具の露天や行商、古物収集をしていた創業者のチェ・ヨンスは、一九七一年に二十五歳で工具の小売会社を設立し、その後、納品、卸売、流通と事業を広げ、韓国有数の工具・産業用品流通会社へと育て上げた。この企業は現在も仁橋洞——北城路の西端に本社を構えている。(26)

では、一九四五年の敗戦によって大邱の日本人植民者たちが去った後、日本人が繁華街として開発した旧元町は、どのようなプロセスを経て北城路という工業地区へと変化していったのだろうか。

ここで解放後から現在に至る北城路の歴史を記述するにあたって、北城路にある一〇軒の町工場を運営する一〇名の技術者に聞き取りをし、二〇一六年に韓国で刊行されたテキスト『手で創る未来——北城路鉄工所』を参照したい。このテキストは、町工場ごとに技術者のプロフィール、一日のスケジュール、生活史、仕事場の様子、使っている道具、技術といった項目に分け、町工場が何をする場所なのか、技術者が何をする人なのかが、町工場になじみのない一般市民にも理解できるよう記述されている。一〇名の技術者のなかには北城路で働くようになってから三十年から六十年程度のベテランが多く、彼らの生活史を通じて北城路の歴史が浮かび上がる。

植民地時代、都市に積み重ねられた文化や慣習は無視され、近代化の旗印のもとに大邱邑城は撤去された。この一方的な都市開発に欠けているのは、ここで暮らしてきた人びとの視点である。日本人植民者にとって無用の長物だった大邱邑城は、彼らの流入以前からこの地に暮らしていた者たちにはいかなる存在だったのだろうか。こういった人びとの生活と大邱邑城との関わりは顧みられなかったわけだが、このような植民地主義的発想に対抗する足場として、北城路で働く人びとの語りから再構成された北城路の歴史を位置づけてみたい(27)。

解放前後の北城路では、日本人から直接に財産の権利をもらい受けたり、米軍政から払い下げを受けたりしながら、人びとは敵産家屋を手に入れ、新しい商圏をつくり始めた。

現在の北城路の基礎を築いたのは、朝鮮戦争によって大邱に駐屯するようになった米軍部隊から流れてくる軍需物資の工具を扱う露天商たちであった。当時、都市インフラはまだ整っていなかった。そのため、都市の中心部であり、また大邱駅に近く鉄道によるアクセスが容易であった北城路には、工具の販売所を中心として注文製作や再生、加工、修理等の町工場が位置するようになったのである。

自分の町工場が位置する地域の全盛期を一九五三、五四年頃と答える北城路の技術者は次のように述べる。

六・二五戦争〔朝鮮戦争〕直後のここが「缶通り」と呼ばれていた時期、町には棒で缶を叩く音が途切れなかった。米軍部隊から出てくる缶詰やドラム缶を開いて、オイルランプ、屋根、ジープなど、何でも作れた時期だった[28]。

当時「鋼板工」といえば、日常生活に使われるさまざまな家財道具を扱う仕事をした。洗面台、バケツ、オイルランプ、釜に至るまで、作れないものも直せないものもなかった[29]。

（時間と空間研究所『手で創る未来――北城路鉄工所』、拙訳、以下同）

朝鮮戦争休戦後から間もない、物資が簡単に手に入らない時代に、北城路の技術者は人びとの求めに応じて生活の必要なものを生産し、修理することで流通させていた。当時の北城路を知る他の技術者も次のように話す。

この通り（大邱銀行北城路支店から達城公園十字路の間）は「自動車部品通り」と呼ばれていたんだ。六・二五動乱〔朝鮮戦争〕が終わり、軍用車が廃車になったり、払い下げられたりして、こっちのほうにたくさん入ってきた。そのときはまだ国産車がなかった。だから、軍用車から使えそうなものを取り外して組み立て、ドラム缶をやたらめったら叩いてまっすぐにしてルーフみたいな外装部品を作って、バスも作ったんだ。そういう部品の店が五〇〜六〇カ所くらいあったんだ。機械を扱う店は五カ所くらいしかなかった。私が入ったところは「東洋社」という、やはり軍需品が横流れ品として出てきた、小型エンジンや発電機のようなものを持ってきて、売ったり直したりするところだった。そこに二十年いた。(30)

米軍部隊から流れてきた軍需品は大っぴらに売られてはいたが、いつ捕まって連行されるかわからない危険な仕事でもあった。

当時、東大邱駅の近所の山にある通信隊や米韓合同部隊から軍需品が流れてきたんだが、そのまま持ってきたらぶっ殺される。廃品扱いにしなければならない。たまには数を誤魔化すために使えないエンジンを持っていき、新しいのと取り換えてきたりしたさ。でも、あまりにも軍需品が流れるから、北城路に刑事や憲兵たちが取り締まりに来た。でも、普通は刑事に前もって話をつけておくから、これから取り締まりが行く場合には刑事があらかじめ教えてくれる。そうすると、早く店を閉めるんだ。当時はシャッターがなかったから鉄板で塞いだ。看板もろくにないからせいぜい立て看板を立てていたんだが、それを早くしまい込んだもんだ。取り締まり班が来るとなると、誰かがあっちの上のほうから通り過ぎながら「風が吹くぞ」と言う。それが「取り締まり班が来る」という意味だ。そうしたらすばやく店を閉めて、店の前に出ていた。[31]

日本人が開発した繁華街だったかつての元町は、こうして資材や部品、工具、機械の流通の拠点となり、町工場が立ち並ぶ北城路となっていった。そして、北城路には全国から工具や機械を求める人が集まってきた。一九七〇年代には朴正煕が主導するセマウル運動[32]で、農業の機械化や農村の生活環境改善事業が進められた。北城路では、ポンプや脱穀機といった農業機械や、村の道路整備事業や住宅改良事業に必要な建築資材がよく売れた。一九八〇年代には大邱で盛んであった繊維産業に必要な部品や工具が、九〇年代以降は自動車関連の機械や部品がよく売れた。このように、大邱の産業化の流れに必要な物資はその時代ごとに北城路から調達されてきた。換言するならば、産業化の流れに柔軟に対応することによって、北城路は工業地区として成長してきたのである。

業種によって多少のズレがあると思われるが、一九八〇～九〇年代が北城路の全盛期であった。当時の繁栄ぶりを北城路の技術者は次のように語る。

〔北城路の全盛期は〕一九七〇年代末から八〇年代末の間。その頃は、田舎の耕地整理もまだできていなくて、ダムもなかった時期だから、農繁期にさえなれば農村から**量水器**〔低いところの水を高いところに汲み上げる機械〕を買いに、あるいは直しに来る人びとがうようよしていた。[33]

あの頃は北城路の工場の区画が空いたらすぐに他の工場が入って埋まった。うちの店のような小さい工場が、おびただしい数の工場が、たくさんできた時期だ。機械を一、二台ずつ買い求めて開業をしても食っていけるくらいだった。[34]

北城路の発展の背景となった、韓国における農業から製造業への産業転換と自営業者の位置づけについても補足しておきたい。

韓国の急速な工業化は、朝鮮戦争後のわずか三十年の間に、経済の大きな構造変化と産業部門間の大規模な労働力移動を引き起こした。一九五〇年代末は農業労働人口が総労働人口の五分の四を占めていたが、一九七〇年には二分の一にまで減少し、一九八〇年代末にはさらに五分の一にまで縮小した。一方、輸出志向型工業化が始まった一九六〇年代はじめには二〇〇万人程度だった賃金労働者は、一九八〇年代半ばになると八〇〇万人にまで増加した。なかでも製造業部門の賃金労働者の増加率が突出して高かった。「都市における工業化というプル要因と、農村の貧困によるプッシュ要因が複合的に作用し、高度成長期を通じて農村から都市への大規模な労働移動が見られた」[35]のである。

こうして労働人口が流出していった韓国の農業部門に目を向けると、都市に移動した若者たちの置かれた境遇がより一層明らかになる。韓国農民の経済状況は工業化の過程で悪化しつづけた。また、韓国の工業がほとんど都市に立地していたため、農村に暮らしながら非農業所得を得る機会が少なく、農家の所得は伸び悩んだ。経済状況の悪化で農村から遠く離れた都市に移動した若者が、ふたたび農村に戻ることはめったになかった。農村に帰ったところで、所得を得る手立てがなかったからである。彼らには都市で生きていくという選択肢しかなく、彼らの離農は都市への半永久的な移住となったのである。

都市に移住してきた若者の多くは賃金労働者となったが、自営業に従事するようになった者もいた。韓国の産業化過程で生じた問題を研究する社会学者のハーゲン・クーは「都市の自営業者は、韓国社会が急速に産業化するなかで階層上昇のオルタナティブな通路として機能した」[36]と指摘する。ハーゲン・クーによると、韓国は自営業者が多い国で、二〇一四年の労働人口のうち自営業者の比率は二七%と、当時のOECD（経済協力開発機構）加盟三十四カ国のなかでも四番目に高かった。経済成長期に農村から都市に移住してきた若者たちが、自営業によって都市で新たな生活を始めたという歴史的な経緯が、今日の自営業者比率の高さとなって表れているのである。

だが、二〇〇〇年代に入ると韓国の自営業は苦境に陥る。契機となったのは、一九九七年のIMF（国際通貨基金）危機であった。タイの通貨危機が発端となったアジア通貨危機に巻き込まれ、韓国の通貨ウォンの価値が大幅に下落したため、韓国政府が

ＩＭＦに緊急融資を申請する事態にまで発展したのである。ＩＭＦの管理下に置かれた韓国では、国内経済の構造改革が断行され、規模を問わず多くの企業が倒産した。その結果、職を失った多くの人びとが自営業に進出したが、不況で消費需要が萎縮し、財閥や大企業が各種のチェーン店や大型スーパーマーケットを出店する状況では、自営業が彼らの生活を成り立たせる手段となりえなかった。

ハーゲン・クーによる自営業者の平均所得と賃金労働者の所得比較からは、自営業者が直面した経済的困難が理解できる。一九九〇年の自営業者の平均所得は給与所得者の九五％だったが、二〇〇〇年には八八％、二〇一四年には六〇％まで下がったのである。一口に自営業と言っても、小売業や飲食業、サービス業、製造業など、その業種は多様である。また、多くの従業員を雇用する会社から、無給で働く家族に支えられている会社、従業員のいない会社まで、規模もさまざまである。一部には多くの収益を上げる自営業者がいるにもかかわらず、賃金労働者の平均所得に対する自営業者の平均所得の割合が低下の一途をたどっていることからは、零細自営業者が置かれる経済的苦境の深刻さがうかがえる。

この韓国における都市の自営業者一般に関する分析は、北城路で働く人びとにもある程度当てはまる。北城路の工具商人や技術者の生活史を読むと、多くが地方の農村部から大邱に出てきて工具店や町工場に勤め、知識や技術を身につけ、一定程度の資産を蓄えた後に独立して店舗や工場を構えている。また、一九八〇〜九〇年年代の全盛期には、多数の従業員を雇用していた工具店や町工場が多かったが、現在は経営者一人ないし、経営者と従業員一人で運営するケースが多い。慶北大学校博物館が実施した北城路の工具店と町工場を対象としたアンケート調査（二〇一一年六月実施）によると、一五七の営業店舗のうち、九八店舗（六三%）が経営者一人だけ、あるいは経営者と従業員一人の二人体制で運営されていた[37]。つまり、北城路は多くの小規模な自営業者で構成されているのである。

なお、このアンケート調査には回答者の学歴に関する質問があった[38]。この調査の回答者の七〇%以上が四〜五十代で、二〜三十代が一三%、六〜七十代が一六%と、韓国の急速な産業化を工具商人あるいは技術者として直接経験した世代はそこまで多くないのだが、学歴をみると、小学校卒が六%、中学校卒が四%と、全体の一〇%を占めている。先述のハーゲン・クーは、「自営業は多くの人びとに学歴がなくても個人の努力だけで、ある程度の資産を蓄積して安定した暮らしを築ける機会を提供してくれた」[39]と述べるが、これは北城路にも当てはまると思われる。だが二〇〇〇年代以降、自営業が韓国の都市で生活を成り立たせる有効な手段ではなくなったように、北城路で自営業者として働く人びとも厳しい状況に置かれることとなる。

五、郊外移転と空洞化

北城路で働く人びとにとって、転換期は一九九七年のＩＭＦ危機よりも一足早い、一九九〇年代初頭だったようである。グローバル化の進展によって大邱の基幹産業である繊維産業が衰退したのに加え、北城路の店舗や町工場に大きな影響を与えたのは、郊外に造成された流通団地や産業団地であった。

ここで、大邱の郊外化と旧市街地の空洞化について確認しておこう。人文地理学者の山元貴継によると、韓国の地方都市の特色として「旧市街地」と「新市街地」の分離が挙げられる。[40] 大邱では、一九六九年、大邱駅から東に約三キロメートル離れた場所に東大邱駅が建設され、一九七〇年代に入ると東大邱駅を中心として新市街地が造成されていった。こうして大邱は、大邱駅を中心とする旧市街地と、東大邱駅を中心とする新市街地とに分離したのである。

北城路は、大邱広域市の中区という旧市街地に位置している。そこで、中区の空洞化を人口から確認したい。大邱広域市は慶尚北道達城郡を編入した一九九五年以降、二五〇万人前後の人口を維持してきたが、二〇〇三年からはゆるやかな減少傾向にある。一方、中区の人口をみると、一九九二年には一三万人を超えていた住民登録人口が二〇〇四年まで減り続け、十二年間で六割減、およそ八万人となった。二〇〇〇年代後半に入ると再開発によって中区にマンションが建設されたケースもあるが、これが明確な人口増につながっている様子はなく、二〇〇四年以降二〇二〇年現在まで八万人前後で人口が推移している[41]。このように、大邱広域市全体の人口推移と比べると、中区の人口減は一九九〇年代から急激に進んでいることがわかる。

北城路で郊外化が進んだのも、東大邱駅を中心とした新市街地の開発から二十年ほどが過ぎた一九九〇年代であった。もちろんこの背景には、日本による植民地時代に開発された北城路の区画が狭く、商品の在庫や作業スペースの確保に限界があったことに加え、建物の老朽化が進んでいたこともある。しかしながら、ここには都市空間の機能転換という構造的な問題がかかわっていた。

一九八〇年代に入って道路網が整備され、自動車が普及すると、工具や機械の流通もトラックや自動車、オートバイといった車両が中心になった。そのために北城路では車両の増加による駐車場不足をはじめ、さまざまな交通問題が生じるようになる。ある北城路の技術者は当時を次のように回顧する。

あの頃は北城路から人がいなくなることがなかった。車が一度入ってくると、出ていけないくらいだったのだから[42]。

都市の中心部という立地や鉄道によるアクセスのよさは、商品の仕入れの便がよく、客も足を運びやすいという北城路の強みであった。しかし、多くの商品を効率的に運ぶために仕入れに車両が使われるようになり、客も購入した商品を楽に運ぶために自家用車で北城路に来るようになると、駐車スペースが十分ではなかった北城路は、車両でごった返すようになって、非常に不便な場所になってしまった。つまり、時代の流れとともに北城路の立地の強みが裏目に出るようになったのである。このような状況を受け、一九九〇年代に入ると大邱広域市は、資材や工具、機械の流通の中心を大邱駅前の北城路から、郊外に移すため、旧市街地の北に位置する検丹洞《コムダンドン》に総合流通団地を造成した。狭く車両を使うには不便な北城路から、郊外の広い土地に流通の拠点を移すことによって、大邱の工業の発展を促そうとしたのである。こうして北城路に店を構えていた人びとは新たに流通団地に移転するか、北城路にとどまるか、あるいは北城路と流通団地の双方に店舗を構えるかという判断を迫られることとなる。当然、北城路を離れるという選択をする人びともいた。また、こうした動きと呼応するように、郊外へと移転する町工場も出てきた。

一九九〇年初頭に総合流通団地への移転計画が立てられてから、およそ十年後に当たる一九九九年の新聞記事を読むと、この移転が北城路で働くそれぞれの事業者に、非常に難しい判断を迫るものであったことがわかる。記事によると、北城路のおよそ二五〇〇の店舗のうち、流通団地に移転したのはおよそ五〇〇店に過ぎなかったという。北城路の店舗数は最盛期の一九八〇~九〇年代でおよそ一〇〇〇店超と言われているので、この二五〇〇店という数は、北城路周辺の地区まで含めてカウントしたものと考えられる。それでも全体の五分の一程度しか移転しなかったという結果からは、この移転が行政の思惑通りに進まなかったことがうかがえる。記事には、移転計画が失敗したのではないか、という強い論調も見られたが、一方で移転した店も確かにあった。[43]

また、北城路の店舗や町工場が一九九〇年代に入って郊外へと移転していった背景には、先にふれた東大邱駅を中心とした新市街地造成という、もう一つの郊外化も関係している。大邱では、北の郊外に流通団地が造成される二十年ほど前から東に新市街地が造成されていたが、そこでは宅地開発も進められていた。大邱の中心部の住民が、徐々に東の郊外へと移り住んでいったのである。北城路の敵産家屋は、一階が店舗、二階が畳敷きの住居という店舗併用住宅が多く、解放後も北城路に住みながら商売を営む人びとが多かった。しかし新市街地の発展とともに東に新たな住宅地が造成されると、東の郊外に住居を構え、北城路の職場に通う人が増えてきた。北城路の草創期からこの地で工具やベアリング（軸受）などの部品を扱ってきた男性への聞き取りによると、一九九〇年代から北城路に住む人が少なくなってきており、二〇一五年現在、この場所で働く人の一〇%くらいしか住んでいないとのことだった。[44]つまり、職住分離が進んでいた北城路では、郊外の流通団地や産業団地への移転は職場の位置が変わることに過ぎなかったのである。

こうして二〇〇〇年代に入ると、それまで北城路に集中していた工業の拠点が徐々に郊外へ移転し、北城路の空洞化が進んでいった。その結果、北城路に残った店舗や町工場は厳しい状況に置かれた。

〔仕事を続けてきて、もっとも大変だった時期は？〕今。今よりはＩＭＦ危機のときのほうがまだよかった。あの当時はお金を踏み倒されて食い物にされることが多かったから大変だったんだろうけど、今よりは仕事も多く、楽しかったし、人情もあった。今は完全に索漠としているように思う。(45)

六、北城路の町工場が果たす役割

ここまでは、一九五〇年代に資材や部品、工具、機械の流通、そして町工場が集まる地区として勃興し、一九八〇年代から九〇年代にかけて全盛期を迎えた北城路が、二〇〇〇年代以降、郊外移転によって空洞化していく状況を確認した。しかし、では、北城路は工業の拠点としての役目を終えてしまったのだろうか。ある技術者は大量生産を目的とする大工場と比較しつつ、現在北城路が果たしている役割を次のように述べる。

ギアを削るのが専門なので、昔も今もギアの溝を掘る仕事をしている。大きな工場では通常注文数が多い仕事を受け、そういうところでは受けない十個、二十個単位の仕事をここでやると考えればよい。(46)

大きな工場では一定のロットを注文しないと仕事を受けてくれないが、北城路では少数でも注文を受けられる。発注する側の必要に応じて柔軟な対応ができるのが北城路の町工場の強みといえるだろう。これは機械製作や部品製作にとどまらず、機械修理にも当てはまる。

> 機械一つが作動するのに、ある小さな部品一つが故障したら、大量生産の業者ではこれ一つだけ見て、〔対処〕してはくれない。そういう場合はうちに持ってくるんだ。たとえば、ボルト一つ買うのに三～四〇ウォン〔二〇一六年のレートで三～四円弱〕かかるのだけど、そのボルトが売っていなかったなら、うちに来て五～六〇〇〇ウォン〔同、五～六〇〇円弱〕かかっても作る。また、何かの機械とか故障したのを持ってきて「直して」「溶接して」と言われれば、修理してあげる。安価でたくさん作るのは機械がやっても、どこが故障したのか理解して、開けて直すことに関しては、うちらのノウハウには追いつけない。[47]

大量生産によって安価で売る工場で作られたエンジンを買うとしよう。その中のシャフト一つが故障して使えなくなった場合、元の製造工場では修理等の対処をしてくれないので、エンジンごと処分して新しいエンジンと取り換えるために購入しなければならなくなる。しかし北城路では故障したエンジンの中を開け、故障したシリンダーを明らかにし、場合によっては部品まで新たに作って修理できるのである。

ここで重要なのは、こうした人びとの切実な必要に応えてきた北城路の技術者たちが、北城路まで直接足を運ぶ得意先の客とのやり取りを通じて製品を生産したり、修理したりする点である。この過程を通じて、技術者は使い手の立場からの製品開発が可能になる。

今でも農業機械というものは数多く開発されているが、会社自体は自分たちが農業をやらないからわからない。農民たちがすべて開発してくれるのだ[48]。

このように、ある技術者は馴染みの農家の人たちと使い勝手や機能に関する直裁な意見交換を重ねて見つけ出したポイントを、うまく開発に組み込んでいくことこそが、新たな製品開発へとつながっていくと説明する。この語りからは、技術者と使い手が忌憚のない意見を交わしながら共同で機械を開発できるのが北城路の町工場の強みとして認識されているのがわかる。

少ない個数でも注文を受け、大手製造メーカーが引き受けないような修理をする北城路の町工場では、機械や部品を大量生産する工場とは異なる合理性に基づいて技術者たちが働いている。もちろん、北城路で売り買いされる商品には、あらゆる物資が不足していた朝鮮戦争直後とは異なり、製造、販売、小売、エンドユーザーという流通サイクルが確立している場合がほとんどである。何かトラブルが起きた際にエンドユーザーは、カスタマーセンターなどを介してこの回路を遡ることになる。しかし、北城路は製造とエンドユーザーが直接出会える場所である。人びとは、大規模な工場には望めない柔軟な対応をし、ニーズに適切に応えてくれる北城路に足を運ぶ。そして、技術者と使い手の共同という創造的な過程を経て、新たな製品の開発までも可能にするのが、今日の北城路なのである。

七、なぜ北城路に敵産家屋が立ち並ぶのか

本章では、北城路の百年余りの歴史を概観したが、ここで改めて「なぜ北城路に敵産家屋が立ち並ぶのか」という問いに立ち戻っておきたい。北城路に敵産家屋が立ち並ぶのは、日本人植民者の流入と定着を受け、都市の中心を占めていた大邱邑城の城壁を撤去した跡地に開発された繁華街、元町が前身であるからだ、とひとまずいえるだろう。ただし、大日本帝国時代の侵略と植民という過去だけがその理由ではない。解放後に敵産家屋を手に入れた人びとが敵産家屋に住み、敵産家屋を利用して自営業に従事してきたからこそ、現在の北城路に敵産家屋が存在するのである。北城路で働く人びとの語りからみえてきたのは、北城路が米軍部隊の駐屯、農業の機械化、産業化の進展といっ

た外部からの影響を組み込み、その役割の内容を少しずつ変化させながら、工業の拠点として成長してきた様子であった。この過程をたどることによって、敵産家屋が日本による植民地支配に由来する建物であると同時に、解放や朝鮮戦争の混乱のなかで人びとの生活を支えてきた建物でもあったことが理解できるのである。

第二章

敵産家屋で工具を売り、機械を作る

一、韓国の都市コミュニティ

韓国の都市研究において、日本の町内会や自治会のような地域住民組織はあまり注目を集めてこなかったように思われる。[1] その理由として「韓国社会では、〔……〕個人的な関係に拠る人脈を駆使した主体的かつ臨機応変な対応が重視されている」[2] ことが挙げられる。

たとえば、朝鮮の伝統的な相互扶助組織に契《キェ》（계）がある。日本の頼母子《たのもし》[3]などに類似するこの組織は、目的に応じて成員数、成員の属性、事業規模、運営方法、集団の永続性の点で違いがあるが、加入者の平等互恵の契約精神は徹底している。[4] 都市に移住した新興住民にとっては相互扶助、親睦などを目的とした契や同郷会、同窓会といった任意で結成される組織が、都市で生活していくために有効な手段とされてきた。換言するならば、韓国の都市では、同じ場所や地域に住み、生活の基盤を維持する役割を果たす地域コミュニティよりも、目的を同じくする人びとの集まったアソシエーションが重要とされてきたようなのである。ただし、都市で組織が果たす役割を考える際には、当事者のおかれた社会的な状況をふまえなければならない。[5] 確かに、日本による植民地支配、朝鮮戦争、急速な産業化といった激動の中で多くの人びとが国内外の移動を余儀なくされた結果、住処を離れると維持できなくなる地域コミュニティよりも、移動したとしても目的さえ共有していれば継続の可能性が残るアソシエーションが、社会的要請に応え

る組織として重視されるようになったのかもしれない。

本章で考えてみたいのは、老朽化が進み、区画も狭い北城路に工具商人や技術者が残る理由である。もちろん、他に選択肢がないために北城路に残っている者もいるだろうが、工具商人や技術者たちの生活史を読むと、あえて北城路に残る者も一定数いることがわかる。韓国の都市で生活していくための手段をアソシエーションが与えてくれるのならば、北城路を離れ、新しく造成された流通団地や産業団地に移っても大した問題は生じないだろう。なぜなら、職場が車で三十分もかからない場所に移るだけなので、これまで所属していたアソシエーションの維持は十分可能だからである。それにもかかわらず、なぜ彼らは北城路という特定の場所に店舗や町工場を構えて働くことにこだわるのだろうか。その理由を明らかにするために、韓国の村落研究からヒントを得たい。鍵となるのは「トンネ（동네）」と「マウル（마을）」という固有語である。どちらも「ムラ」を意味する韓国語だが、微妙にニュアンスが異なる。たとえば、トンネは都市部、農村部を問わず使われるが、マウルは農村部（非都市部）でしか使えない。実際、韓国の都市部を研究のフィールドとしてきた筆者は、住民の口からマウルという言葉を聞いたことがない。住民は自分が住む地域をもっぱらトンネと言う。

文化人類学者の嶋陸奥彦《しまむつひこ》によると、トンネとマウルは意味の重複する部分が大きいが、その違いに着目するならば、トンネは居住を基盤とした地縁的ユニットの側面が強く、一方のマウルは人間関係を基盤とした社会的ユニットの側面が強いという(6)。トンネとマウルの違いを、嶋はムラの組織を例に挙げて説明する。ムラのトンネ、すなわち地縁的ユニットの側面を示す組織に「大洞会《デドンフェ》」がある。大洞会を構成するのはムラの地域内にあるすべての世帯である。日本の町内会や自治会といった、いわゆる地域住民組織と同じような発想に基づく地域コミュニティである。これに対して、社会的ユニットの側面を示す組織はムラの人びとの相互扶助を目的とする「大洞契《デドンキェ》」である。ムラによって名称は異なるが、大洞契には「ムラの人はみんな加入する」といわれている。これはメンバーの相互扶助を目的とした組織なので、アソシエーションといえる。大洞契の加入の単位は大洞会のように世帯ではなく、個人である。このように加入の単位は異なるが、ムラの生活において「大洞会」と「大洞契」は表裏一体の自治組織であるように捉えられている。つまり、地域コミュニティだけでなく、それとは別立てになったアソシエーションを備え、この二つの組織をうまく使い分けながらムラの生活を維持しているのである。

　しかしながら、嶋陸奥彦によるとムラのすべての世帯が加入する「大洞会」と、ムラの人はみなが加入する「大洞契」の構成員が完全に一致する例は少ない。たとえば、地域内に住んでいる大洞契の未加入者は、来住して間もない人や「近い親族が加入しているから自分は加入する必要がない」という人がいる。また、地域内に住んでいない大洞契の加入者としては、もともと地域内に住んでいたが地域外へ転出していった人がいる。単純にモデル化して考えてみよう。ムラのすべての世帯が加入する「大洞会」とみんなが加入する「大洞契」の構成員が、完全に一致する状態でスタートしたとする。「大洞会」は転居や転出といったメンバーの移動が反映されるのに対して、相互扶助を目的とした「大洞契」にはムラの外部に転居したメンバーが加入したままになっていたり、反対にムラに転入してきた人がメンバーにならなかったりというメンバー個人の判断する余地が認められている。結果的に、時間が経つにつれて「大洞会」と「大洞契」のメンバーはずれていく。それにもかかわらず、この二つの組織は表裏一体のムラの自治組織として扱われるのである。このようなケースから、嶋は韓国のムラにおいて「個人を結ぶ紐帯が、集団の（たとえば地縁的な）ワクに対して自律性をもっている」[7]ことを見出し、「重複する部分の大きさゆえに同一のものであるかの如くにたちあらわれ、かつ意識される地縁的ユニット（トンネ）と社会的ユニット（マウル）が、実は決定的なところでズレているように思われる」[8]と述べるのである。

以上の嶋陸奥彦の指摘をふまえるならば、都市の場合、地縁的ユニットと社会的ユニットのズレは農村よりもいっそう大きくなるだろう。なぜなら、都市で地域コミュニティに基盤を置き、相互扶助を目的としたアソシエーションをつくっても、転出や転入が重なるうちに地域コミュニティに対するアソシエーションの自律性が高まっていくからである。では、どのような場合に地縁的ユニットと社会的ユニットのズレが小さくなるのだろうか。ここで注目に値するのは、嶋のフィールドワークにおける唯一の例外である。嶋は次のように述べる。「筆者がこれまで長期間の調査を行なった二つのムラと、短期間の訪問ではあるが大洞契について尋ねた一〇余りのムラにおいて、ムラの地域への転入およびそこからの転出が自動的に大洞契への加入および脱退を意味していた例は一つしかなかった。この一例では、名称は大洞契だが、別名を泉契《セムキエ》というように、かつてトンネに一つしかなかった共同井戸の維持が大きな目的となっていたのである」[9]。確かに、共同井戸の維持が目的ならば、転入して間もない人であってもそれを利用するためには加入せざるを得ないし、転出すれば利用できなくなるので加入しつづける理由がなくなる。この例外が示唆するのは、井戸のような物理的存在の共有と利用が、地縁的ユニットと社会的ユニットを一致させる契機になることである。

井戸の共同利用によって、住民の間に生まれる関係を考えるうえで参考になるのが、これまで主に自然資源の利用をめぐって議論されてきた「コモンズ論」である。コモンズとは共有地、入会地、あるいは入会ともいわれ、人間が生活の基盤としてきた森や川、海などの共有資源を指す。重要なのは、コモンズが地域コミュニティの慣習や社会的なしくみによって維持されてきた点である。一九九〇年代から二〇〇〇年代にかけて、日本の環境社会学では自然資源の管理や環境保全の文脈でコモンズが注目を集めた。二〇一〇年代に入ると、コモンズの発想を都市や公共空間に応用する研究も現れた[10]。

コモンズという用語には、（一）「みんなの」共有資源そのものと、（二）共有資源をめぐる人と人との関係を規定する所有制度という二つの意味が含まれている。この点をふまえて森林の利用・管理に着目した環境社会学者の井上真は、コモンズを「自然資源の共同管理制度、および共同管理の対象である資源そのもの」(11)と定義する。自然資源の共同管理制度という社会的なしくみとその共同管理の対象である資源そのものが不可分なものとして位置づけられる点は、物理的存在の共有と利用という視角から地縁的ユニットと社会的ユニットの重なりに焦点を当てる本稿にとって示唆的である。つまり、共同管理の対象である資源から離れては、共同管理制度という社会的なしくみが意味をなさなくなるのである。

本章は工具商人や技術者が北城路に残る理由を考えようとするものであるが、それは北城路の地を離れれば、彼らがそれまで培ってきて、それによって生かされてきた有形無形の社会的なしくみが無用になってしまうからではないか。言い換えるならば、北城路はある種のコモンズとして成立しているのではないか。工業地区である北城路で人びととの生活を成り立たせているのは商品の売買によって得られる利益であり、もちろん商品はコモンズではない。しかし、一人ひとりが商品である工具類を仕入れ、客から受注した機械や自分が作業に使う機械を製作する背後には、北城路に特有の社会的なしくみが存在する。そこで、資材や部品、工具、機械が商品となる過程に焦点を当てつつ、北城路で働く人びとの実践を考察し、工具商人や技術者を北城路にとどめおく社会的なしくみを明らかにする。

二、物資不足と品物の融通からの出発

第一章で述べたように、北城路が工業地区として発展する契機となったのは、朝鮮戦争時に大邱に駐屯していた米軍部隊から流れてくるハンマーやペンチ、スパナなどの工具や、ネジやビス、ボルトなどの部品を売る人びとであった。草創期の北城路には、露天商や、店舗を持たずに仕入れた品物を店々に売り歩く仲買人の「ナカマ」、古物商などがいた。韓国では一九六〇年代から製造業を中心とする工業化が本格化し、一九七〇年代以降は繊維や食品といった軽工業から鉄鋼や機械、造船などの重工業へと徐々に転換していった。北城路の工具商人によると、一九七〇～八〇年代までは北城路で「ナカマ」が工具を売り歩いていたが、重工業が発達するにつれて工具の製造工場から工具を直接仕入れられるようになると、「ナカマ」の商売が成り立たなくなったという。(12)

草創期の北城路では、どのように工具が売り買いされていたのだろうか。店舗を構える工具商人、露天商、「ナカマ」は、北城路の工具の流通過程で、それぞれどのような役割を果たしていたのだろうか。北城路で五十年以上工具を売ってきた男性は、現在の店舗が位置する路地で二十年ほど露天商をしていたという。

私たち露天商は米軍部隊から出てくる品の中でいいものを買っておく。すると、ソウルの商人がやってきて買っていくこともあったし、一般の人たちがハンマーと

か、ペンチとか、そういうものを買っていくんですよ。[13]

(慶北大学校博物館『北城路産業工具路地の文化と人びと』、拙訳、以下同)

当時、この男性の場合、倉庫を持たず、かといってハンマーなどの商品は重いのですべて自宅に持ち帰ることも難しく、毎日倉庫の代わりにしていたボックスに工具を入れて、それを積んでシャッターを下ろして錠をかけて、翌日にはボックスから工具をまた取り出して陳列していた。なかなか大変な作業だったと言う。ただし、子どもの結婚をきっかけに店舗を構えるようになったものの、「露店のほうがよかったよ。お客さんは店よりも露店に多く来た。価格が露店のほうが安いと思うから」[14]と言うように、北城路において露天商が店舗より必ずしも不利な立場にあったわけではないようである。

露天商たちは、客の求めに応じて自分のところにない商品を他の露天商に頼んで手に入れたり、他の露天商を紹介したりして、互いに助け合いながら工具を売っていた。「露天商同士の揉め事もなかったし、場所代のようなものは、てんでなかった」と言う。露天商をしていた別の男性も同じように「紐帯関係だよ。とにかく親しかったから」と語る[15]。

このような助け合いは露天商の間だけではなかった。露天商と店舗の間でも、店舗間でも同じような関係が築かれていた。一九四三年生まれ、十三歳で北城路に来た男性は、自店舗と露天商の関係を次のように語る。

取り扱う品物がみな違うでしょう。露天商がうちの店に買いに来ることも、私もうちのお客さんが探してくれという品物があったら露店に行って買ったりもして。相互扶助していたものです。(16)

草創期の北城路では計画的な商品の仕入れが望めなかった。さまざまな経路から工具や部品が流れてきたが、種類も個数も不安定で、商品の仕入れには商人としての勘が必要だったし、運に左右される面も少なくなかった。したがって、商品の品ぞろえは店や露店によってずいぶん異なっていた。このような状況だったので、店舗間で気軽に商品の融通をしていたのである。

しかし、二〇一一年の聞き取り調査時点では、北城路に「紐帯」や「相互扶助」などは存在しないという声もあった。一九五一年生まれで、一九七一年に北城路に店を開いたある男性は、年代の近い商人同士の親睦の集まりに以前は参加していたけれど、今はもう加わっていないと言う。

〔北城路には親睦を目的とする集まりが〕いくつかあるけれど、うまくいっていないよ。店同士がいつも競争しているから、他の店の情報を抜きとって知れば、そうなる〔他の店を出し抜こうとする〕でしょう。集まってご飯を一緒に食べていれば、そうなる

〔他の店の情報を抜き取ろうとする〕でしょう。〔同業者が〕商業的に共存する、こういったことはないです。共存もできないし。(17)

また、郊外に流通団地が造成されておよそ二十年が経過した二〇一一年の時点で、北城路と流通団地の両方に店舗を持つ工具商人は、拠点が二カ所あって大変だが、両方とも維持しなければならない状況にあるという。その背景には、同業者間の競争がある。北城路から流通団地に移る店が出ると、その空き店舗に以前あった店と同じような工具を扱う同業者が入る可能性がある。そうなると、移転した店舗はそれまで北城路で得てきた利益をそっくりそのまま同業者に奪われてしまうことになる。客の立場からすれば、店が変わっても同じ場所で同じ工具が買えるならばそれで事足りる。元々付き合いのあった店の移転先である流通団地に、わざわざ足を運ぶ必要はないのである。また、同業者の立場からすれば、同じ場所で同じ工具を扱えばある程度売れるという保証があるようなものなので、店舗を拡大する際のリスクは小さい。したがって、誰も彼も自分と同じような工具を売っていた近くの店舗が空けば、そこに入って、自分の店舗の規模を広げようとするのではないか、と考えられているのである。一方、流通団地にもすでに商圏が形成されているため、北城路と同様で、ある店が撤退したら、そこに同業者が入って、撤退した店がそれまで得てきた利益を丸ごと奪っていくかもしれない。もちろん、実際に店を撤退してみなければ結果はわからないが、工具商人たちは自分の客や利益を同業者に奪われるのではないかと疑心暗鬼に陥っており、どちらの拠点からも撤退できないのである(18)。

では、草創期の北城路は物資が不足していたため相互扶助していたが、現在の北城路は安定して品物を仕入れられるようになったために同業者間の競争しか生まれない、と考えればよいのだろうか。

次に、北城路の工具商人たちの関係を、相互扶助、あるいは同業者間の競争といった側面とは異なるアプローチから捉えてみよう。再び、草創期の北城路についての語りに戻る。一九六二年に北城路にやってきた男性は、当時の様子を次のように語る。

あの頃は少ないお金で、そのお金で買えるだけ〔工具を〕買って売って、また買ってきて。こうして信用が積み重なれば、その次からは一カ月後にお金も入ってくるし、売っても入ってくる。あの頃が、一番苦労が多かったよ。

――その当時、資本金が少なく、陳列する商品の量も少なく、〔工具が入っていた〕空き箱だけ分けて〔取っておいて、それを使って〕商売する場合もあったと聞きましたが、草創期の社長さんもそうだったのでしょうか。

北城路のほぼ八〇%は偽物。この台にあったのは空き箱で、中からこの商品を出して、ここの前に空き箱を陳列台に置いて売るんだ。今はもう商品の空き箱は全部出して捨てて、わざと商品だけ積んでおくでしょう。昔は空き箱が陳列品だ。お客さんの視線を引くために、うちには品物がこんなに多いと見せつけるんだ。店舗も小さく、同じような品物を扱っていたから、お互い自分の店の裏に倉庫があると言って、隣の店に行って買ったり、それを転売したりしたもんだ。あの頃が一番楽しかったよ。あの時期はみなそうしていました。今のように必要な数だけお金を払って品物を買えなかったし。〔品物を仕入れる〕ルートが確実じゃなかったし。ツキがあれば〔品物を〕ちょっと買っておくし、ツキがなくて買っておけなかったら、私たちは誰の店に何があるかをよく知っていたから、お客さんが来たら「ここにあります。いくらです」と言ってから、品物を出しに倉庫に行くと言って、隣の店に行って買ってきて〔お客さんに〕売ったもんだ。[19]

工具ならば何でもそろっている現在とは異なり、草創期の北城路では、商品自体が少なかった。工具商人たちは、少しずつ仕入れ、少しずつ利益を上げ、それを積み重ねて店を大きくするしかなかった。ただし、圧倒的な物不足という限界のなかで、彼らは北城路の他の店舗の品物を使いつつみずからの商売を展開したという。つまり、この語りからわかるのは、みずからの店の在庫がなくても、あたかも北城路全体を倉庫として使うことによって、柔軟な対応ができるしくみがあったことである。そう考えると、北城路において店舗や倉庫を持たない露天商や「ナカマ」が重要な位置を占めていたことが改めてわかる。彼らは常に変動する産業の流れに柔軟な対応をしながら、北城路全体の在庫を支えていたのである。

このような、北城路全体を倉庫として使う商売は、過去のものではない。

――お客さんが探している工具がなかった場合には、他のお店を紹介なさいますか。

そうしたら私が〔工具を他の店で買って〕持ってきて、また売らなきゃ。お客さんが四種類の工具を買いに来たとして、〔客が必要とする工具のうち〕二つの工具はうちの店にあって、残りの工具は〔うちの店になかったら〕どの店に何があるのかよく知っているから、その〔客が必要とする工具を売っている〕店に行って買ってきて、転売するんですよ。〔その店を〕紹介はしてあげないよ。その店で一万ウォン出して買ってきたら、一万ウォンで売ろうと、二万ウォンで売ろうと、私の意のままだよ。うちが儲かっていないのだから、紹介はしてあげません。[20]

北城路の草創期に売られていた工具と比べると、工具は専門分化や多品種化が進んでいる。たとえば、ペンチは針金や銅線のようなものを曲げたり、切断したり、挟んだり、ねじったり、引っ張ったりする作業で使用する工具であるが、一口にペンチと言っても、さまざまな種類がある。標準的なペンチの他に、小さなものを取り扱うためのラジオペンチ、電気配線を圧着できる電工ペンチ、先端が丸く円錐形で細かく複雑な作業ができる円ペンチなど、用途によって使い分けられている。また、工具を購入する客も技術者のような専門家から日曜大工、DIYまでさまざまで、工具に対して幅広いニーズが生まれている。工具も使い手も多様化する今日、草創期とは異なり工具そのものはたくさんあっても、一つの店舗だけでは必要な工具がすべて手に入らない場合もある。そういった場合には、倉庫として北城路を使う、このような商売が有効なのである。

実際に工具商人から話を聞くと、北城路内では店舗の移動が非常に多いという。一つの店が北城路内で何度も店舗を移すという話は、よく聞かれる。また、思い入れの強い創業当時の店舗を維持しながら、北城路内に二号店、三号店を出して事業を拡大するケースもある。北城路内での店舗の移動は、時代状況に応じた事業規模の拡大、縮小を可能にする。また北城路にいる限りにおいて、「どこの店に何があるかよく知っている」ために、自分の店舗にある在庫に限定されない商売を柔軟に展開できるのである。

北城路で培われてきたこのような商売の特徴は、流通団地と比較することによってより一層際立つ。北城路から流通団地への移転を断念したある工具商人は、その理由を次のように説明する。

うちはここの土地が五五坪で二階まで合わせると一〇〇坪。それでも一〇〇坪では足りなくて倉庫を借りていたのですが、流通団地は一八坪しかないじゃないですか。サンプルだけ展示すればいいと、そう言うけれど。そうしたら倉庫はというと、地下だと言う。〔大邱広域〕市ではそうやって、そういうつもりで一八坪程度の分譲をしたのでしょうが、私たちはどうやっても規模を小さくすることができなくて完全に〔流通団地への移転を〕あきらめて……[21]。

原則として一事業者に対して一区画の分譲であり、しかも「デパートのコーナーみたいに」[22]店舗の規模が一律で決められている流通団地に移転するには、これまで北城路で培ってきた柔軟な商売を、流通団地の条件に合わせて変えなければならなかった。そのため、北城路に残ることを選択した工具商人もいたし、流通団地を分譲されてもそこを手放す、あるいは他の工具商人に貸し出し、自身は北城路に戻ってきた、という工具商人もいた。

ここで指摘しておかなければならないのは、流通団地への移転を選択しなかった工具商人たちにとって、北城路は代替可能な土地や建物ではなかった点である。状況に応じて商品を融通しあったり、北城路内で店舗を移動したり、店舗や倉庫を借りたりして既存のネットワークを維持しつつ状況に柔軟に対応する彼らの実践からは、あたかも北城路全体が一つの倉庫、一つの単位であるかのように浮かび上がってくるのである。

三、商品の製作過程と町工場の協働

次に、町工場の技術者たちからみた北城路に目を向けてみよう。北城路に町工場を構え、板金、ワイヤーなどの資材、ネジやビス、ボルトなどの部品、ハンマーやスパナなどの工具、そしてエンジンやバルブなどの機械を日常的にやり取りする技術者たちから、彼らが商品を製作する過程を聞くと、一見個々の独立した町工場の集合のような北城路が、異なる様相をみせはじめる。一九七〇年代から北城路で働く技術者は、北城路に店を構えるようになった理由を次のように話す。

その頃〔独立した一九七〇年代中盤〕、この一帯は全部鉄工所だった。〔……〕近い業種が集まっているところに来れば、資材の購入もしやすく便利だろう。だからこっちに来たんだ。その当時は資本がなかったので他人の物件を借りて、〔他所に〕移ってくれと言われたら移って、そんな感じであちらこちら移動しているうちに今のこの場所に来たのが一九八〇年くらいだ[23]。

（時間と空間研究所『手で創る未来――北城路鉄工所』、拙訳、以下同）

一九七〇年代の北城路は都市の中心であるのに加え、町工場に必要な物品を扱う店舗が集まっており、自分の町工場を構えて働く技術者にとっては非常に便利な地区であった。この技術者は区画を賃貸で借りていたために、貸主の都合で他の場所に移らなければならない事態も何度か生じたが、そのたびに北城路にとどまりつづけるという選択をしてきた。だが、このような便利さは先述した北城路の空洞化の進行によって打撃を受けることになる。

最近は仕事を何か頼もうとすると三工団〔大邱第三産業団地〕にも行かなければならないけど、以前は必要な工程のほとんど全部を北城路でやったんだ。資材商や取引先も近くにあって。〔……〕あっちのほうにもたくさんあったのが、全部三工団へ引っ越しちゃった(24)。

つまり、一九九〇年代から関連業種の郊外移転が進み、大邱の工業の拠点が分散化したことによって、以前よりも北城路で町工場を構えるメリットが小さくなってしまったのである。しかし、このメリットは完全に失われたわけではない。

ここには、一九九一年か九二年かに来たんだ。三工団に工場《こうば》を出していたんだが、友人が「北城路がもっといい」と言うから来た(25)。

この技術者は、北城路で店や町工場を構えていた人びとの移転先である大邱第三産業団地から、彼らとは反対に北城路へと移ってきたという。一九九〇年代初めの時点では、郊外の産業団地よりも北城路が有利であると考えて移転してきた技術者もいたのである。そして、技術者への聞き取り調査がおこなわれた二〇一六年現在まで北城路にとどまりつづけていることからは、北城路が依然として技術者にとって仕事のしやすい地区であると考えられる。

安価な商品を大量生産する工場と対比して、北城路の町工場は依頼主との直接的なやり取りによって、機械の故障への柔軟な対応や新たな商品開発ができるよさがある、という技術者の語りは第一章で紹介した。これに対して、以下の語りは大量生産する工場と一軒の町工場を比較するのではなく、大量生産する工場と北城路の町工場群を比較して、北城路のよさを説明している。

大きな工場は機械を使って、専門的な工程のうち、主に一つだけ作業するが、北城路はあの工場、この工場、できる作業が全部異なっていて、一軒一軒の工場自体は小規模だけれど、できる作業がバラエティに富んでいるから、［北城路全体としてみると］できないことがないんだ。(26)

注目すべきは、この語りが、北城路には複数の町工場が集まっているために町工場間の協働が可能である、と指摘している点だ。北城路の町工場が生産する商品は多様であり、それゆえそれらの町工場からの受注も多様である。そのため、注文されたら何でも作ったという鋳物屋の技術者は、次のように述べる。

北城路というところはありとあらゆるものを扱う店、つまり何でも屋さんだ。〔……〕この世の中には製品が数百万種類あるじゃないか。何でも注文通り合わせて作るんだ。うちは鉄工所とつながらないわけにはいかない。うちは基礎となる土台だけ作るんだ。うちの工場だけでは完成品ができないだろう。鋳物ができたら旋盤をやっている工場に持って行って〔細かい部分の〕加工をしなきゃ。ピッタリ合うように。鋳物だけで作るのは精密さという点で限界があるんだ。だから旋盤をやっている工場に行ってピッタリ合うように形を整えるんだ。完成品は鉄工所から出てくることになる。(27)

この語りからもわかるように、北城路で製品を生産するための工程は、しばしば複数の町工場にまたがる。したがって、技術者たちが北城路で町工場を構えるのは、資材や工具、機械といった必要な物品を求めやすく、注文主が足を運びやすいだけではない。そうではなく、町工場ごとにできる工程や得意とする作業が異なり、必要に応じてそれらの町工場に作業を委託できるからこそ、町工場が集まっている北城路ではどんな注文にも応えられる。北城路に来れば「できないことがない」のは、多種多様な町工場が集まっていて技術者が協働するからである。ただし、いつも同じ町工場同士が協働しているわけではない。注文された製品——たとえば、農業機械なのか、厨房設備なのか、食品加工機械なのか——ごとに必要な工程は異なり、そのつど協働する町工場も変わってくる。一つひとつの町工場は、この「できないことがない」北城路を構成する要素の一つであると同時に、そこから大きな恩恵を受けているのだ。

四、社会的に維持されるコモンズとしての北城路

これまで述べてきたように、北城路の強みの一つは町工場間の協働であるが、それには技術者たちの築く関係が前提となっている。そこで次に、北城路の町工場の協働を支える技術者同士のかかわりに目を移してみよう。

前章でも指摘したように、全盛期には何人もの技術者を雇用していた町工場が多かったが、現在は技術者自身が一人ないし二人で町工場を経営している場合がほとんどである。しかし、「お昼の時間になると、いつも集まるメンバーがいる。北城路で三十年以上知り合いとして過ごしてきた人たちだ。〔……〕お互いが仕事をお願いしたり助けてもらったりしながら、同じトンネで支え合い、生活してきた間柄だ」[28]とあるように、昼時になると技術者たちはしばしば集まる。また、勤務後に集まるケースもある。

〔夕方の〕四時くらいになると、マッコリ〔韓国の伝統酒の一つ〕を飲もうと電話が来る。だいたいうちの事務室か向かいのスーパー、あるいはその隣の食堂で飲む。たいてい四時くらいになるとその日のアウトラインが見えてくるじゃないか。「今日はこれだけやれば十分だ」と思えば飲むし、「いやぁ、これは酒を飲んだらうまくいかなそうだ」と思えば飲まずに仕事をもう少ししてから行く[29]。

北城路の技術者同士の親睦には、この他にも多様なかたちがある。確認できただけでも二〜三の親睦会が存在し、集まってお酒を飲んだり、観光に行ったり、契《キェ》の集まりをつくったりしていた。また、山岳会を結成していた技術者もいれば、北城路で働く仲間と毎週のように釣りに行くという技術者もいた。

このような技術者同士の集まりは、単に親睦を深めるためだけになされているわけではない。彼らは確かに経験を積みながら技術を身につける一方、技術者同士の対話も重要な役割を果たしていたのである。そこで、技術を身につけるという観点から、技術者たちの語りに耳を傾けてみよう。ある技術者は北城路の草創期、一九五〇年代後半に試行錯誤しながら技術を体得していく過程を次のように話す。

〔技術はどのように身につけたのかという問いに対して〕私が入った店は主に軍用エンジンを修繕するところだったのだが、一つひとつ原理を教えてはくれなかった。当時、北城路にはエンジンを直すところが五カ所くらいあったのだけど、技術者たちもエンジンについて全部知っている人は珍しかった。手当たり次第にエンジンを開けてみてはダメにして、怒られることもしばしばだった。そうしているうちに、いつの間にか腕が上がっていったんだ。(30)

技術を身につける方法は技術的な面での試行錯誤だけではない。一九六〇年代後半から北城路の町工場で働き出した別の技術者は、北城路内の町工場を渡り歩きながらさまざまな技術を身につけてきたと言う。

当時はみんなあちこち渡り歩きながら仕事をしたんだ。紹介を受けたり、スカウトされたりして。たとえば、勤めていたところで一〇〇ウォンもらっていたら、移っていくと一二〇、一三〇ウォンもらえるだろう。月給も月給だが、一つの店にだけいたら、他の技術を身につけられないだろう。たとえば、〔ギア（歯車）の歯を〕こういうかたちに刻むのでも店ごとに刻む機械や方法が違うから。それは店を渡り歩きながら身につけるんだ。(31)

技術者たちが渡り歩いたのは北城路の町工場だけではない。技術者の中にはソウルで働き、大邱では得られない技術を身につけた者もいた。

ソウルで、大邱にはない技術を教わったんだ。大邱には高圧モーターや高圧電動機など〔大型機械〕の製作会社があまりなくて、〔そういった機械を製作する会社は〕全部ソウルにあった。七〇年代の話だけれど、当時は炭鉱が本当に栄えていた。ソウルのほうにある大きな会社は炭鉱と多くの取引をしていたから、大型モーターを量産した。直流電動機とか、高圧モーターとか。大邱ではあまり接することができないものを教わったんだ。[32]

このように、北城路の内外で町工場を渡り歩いてきた技術者たちであるが、彼らは独学で技術を身につけてきたわけではない。一九六〇年代にこの道に入った技術者は次のように語る。

昔は技術を学ぶ学校のようなものもなかったから、同僚たちと対話しながら、尋ねながらして、みずから体得した。[33]

彼らのスキルは、専門学校や教育機関、就職あっせん施設などで体系的に身につけたものではなかった。数々の町工場での経験や研鑽を重ねて、同業者たちとの交流によって独自に学びとったものなのである。そのため、北城路の技術者たちが頻繁に集まりをもつ背景には、技術者同士の交流が技術に関わる情報交換へとつながる、あるいは技術的な困難に直面した場合や他の町工場との協働が必要な場合に気軽に相談ができる関係を築くという側面も大きいのではないか。

このように技術者同士の関係を通じて技術を磨いていくのは、決して過去の話ではない。一九七〇年代生まれで、二〇〇三年に北城路で働きはじめた技術者は、基本的にスキルは本やインターネットで独学したと言う一方で、次のように述べる。

親しくしている技術者の方はG機械の親父さん。あの人は振動ローラー機、道路カッター機、そういった大型機械を作るんだ。あの人のスキルは本当に高い。北城路で多くの技術者に会ったけれど、あの人の技術が一番優れている。うちが〔当初〕機械の修理だけしていたのが製作もするようになって、あれこれとわからないことがたくさん出てくる。そういうことは〔G機械に〕行って尋ねたり、アドバイスを受けたりするんだ。親父さんも長いことこの仕事をしてきたとはいえ、人はすべてを記憶できない。機械が数十、数百種類あるから。だから、親父さんも〔うちに〕来て、「L君！　これが合っているのかね、あれが合っているのかね？」「これが合っています」。このように、お互い助け合っているんだ。(34)

ここで注目したいのは、このような技術者相互の関係が、技術を持たないまま技術者として北城路で働くことになった、ある男性の生業を成り立たせているケースである。
彼は一九九〇年、技術者の弟に出資を請われ、経営者として北城路にやってきた。経営者の兄と技術者の弟が営む産業用スプリングの町工場は軌道に乗り、大きな利益を得た。しかし、一九九七年末のIMF危機の前後に取引先からの不渡りを何度もくらい、巨額の損失が生じたため、事業を整理しなければならなくなる。そのため、技術者として働いてきた弟は町工場を離れて建築業へと進み、兄には北城路の町工場と設備、機材だけが残された。実際には未経験だったものの毎日のように弟や従業員がスプリングを巻く様子や図面を見ていた彼は、見よう見まねでスプリングを作りはじめる。それからおよそ二十年が経った現在も「私はまだまだ技術者ではない」と言う彼は、次のように語る。

実際、今、私が使用している設備も以前に従業員たちが作って使っていたものだ。私は〔スプリングを製作する機械の〕製造方法を知らない。〔どうしても新たに〕作らなければならない場合は、この裏に鉄工所がたくさんあるだろう。そこのS工業所のようなところに行って「これはどうやってやればいいのでしょうか?」と聞けば、そこで作ってくれる。機械製作専門の町工場だから。私が「こうやって作ってはダメですか?」と聞けば、「そうやってやったらダメだ。私が作ってやるよ」。こんな感じで〔裏の町工場の技術者が機械を〕作ってくれて。その町工場で作ってもらえれば、自

分の求めていたものとピッタリの機械ができるから。(35)

技術者になろうと思って北城路に来たわけではない彼が退路を断たれた結果、北城路で技術者として生きることになった。その背景に多くの困難があったことは想像に難くない。だが、自分にできない作業を隣接する町工場で働く技術者に相談して解決してきたというこの語りからは、周囲の町工場で働く技術者とのかかわりが技術を持たないまま北城路に残された彼を支えてきた様子がうかがえる。

では、なぜ、周囲の技術者たちは彼を支えてきたのだろうか。長年同じ北城路で働いてきた顔なじみに対する温情から、という説明もできるだろう。ただし、ここで確認しておかなければならないのは、北城路では町工場を超えた技術者同士の協働によって多種多様な製品が作り出されている点である。産業用スプリングを作るこの町工場も「ここに来れば、作れないものなどない」と言われる北城路を構成するピースの一つである。つまり、周囲の技術者たちは彼を助けることによって、「何でも作れる」北城路を維持してきたのではないか。もちろん、北城路には特定の人しかできない名人芸の域に達した技術があるし、同業者には絶対に教えられない秘密のスキルも存在するだろう。一方、技術者の身につけた技術が必ずしも独占されず、周囲の技術者とある程度分かち合われてきた背景には、北城路全体を一つの単位として考え、町工場全体を生かしていこうという独自の発想がうかがえるのである。

北城路では基本的に、通り沿いに資材や部品、工具を売る店舗が並び、その裏手に町工場が位置する。模式的に考えると、店舗が町工場に囲まれて工業の拠点を形成している。このように、同じ北城路で働く工具商人と町工場の技術者であるが、工具商人たちが北城路全体を一つの倉庫として使っているのならば、さしあたり町工場の技術者にとって北城路全体はどのような注文にも応じられる一つの町工場であるといえるのである。

ここで重要なのは、工具商人同士、町工場の技術者同士、さらには工具商人と町工場の技術者の日々のかかわり合いがあってはじめて、北城路が一つの倉庫、あるいは一つの町工場のような役割を果たせる点である。北城路のどこで誰が何を売っているのか、北城路のどこで誰がどんな技術を用いて何を作っているのか、という情報が共有され、さらに、必要なときに商品を仕入れたり、協働して一つの商品を作ったりする関係があるからこそ、北城路は一つの単位として成立できる。北城路で得られる有形無形のメリットは、社会的に維持されてきたしくみであり、コモンズのような性格を有していると考えられる。このコモンズとしての北城路こそが、工具商人や町工場の技術者が北城路に残る理由なのである。

五、地域コミュニティが維持する敵産家屋

最後に、本書が取り上げる敵産家屋と北城路で働く人びととの関係を確認しておこう。老朽化が進む敵産家屋が撤去されずに北城路で使いつづけられてきた背景には、その独特の区画がある。面積は十〜十五坪程度の区画が大部分だが、北城路に面する一区画の幅が三〜三・五メートルと非常に狭く、奥行きが深い。間口が狭く奥行きが深く細長い、町屋などによく見られる間取りを日本語で「うなぎの寝床」というが、北城路の区画はまさに「うなぎの寝床」である。これは、通りに面した区画の幅によって税金を付加する植民地時代の税法に対応して開発された結果である。このように、一区画が狭く、建物が密集している北城路では、建物の使用者の使い勝手に合わせて継続的に手を入れられてきた。北城路に住んだり働いたりする人が増えれば建物は分割されたし、人が減れば植民地時代の区画は手狭なので増築したり隣接する建物とつなげられたりした。結果的に、隣り合った建物が壁を共有していたり、別々に建てられた建物同士がつながっていたりする場合も多く、たとえ土地や建物の所有者であっても、自由に撤去、再建築することは難しい[36]。登記上は私有財産の集合からなる北城路であるが、実際には建物が周囲の建物と一体化しているために、所有者が自分の持ち分だけを撤去しようにも、他人の持ち分である建物の一部までも撤去することになってしまい、所有者の一存で撤去、再建築できないケースが多いのである。

この土地および建物の権利関係の複雑さこそが、敵産家屋が使いつづけられてきた理由の一つと考えられる。では、実際に敵産家屋を使いつづけてきた工具商人や町工場の技術者たちは、敵産家屋について何を語るのだろうか。

草創期に北城路に流入した工具商人やその後継者たちは、どのようにして敵産家屋で工具を売るようになったのか、という経緯を語ってくれる。たとえば、一九三〇年生まれで、一九五〇年代初めに北城路に来た工具商人は、日本による植民地時代の元町の様子と、日本人が引き揚げた後の北城路について次のように語る。

〔植民地支配からの〕解放は、私たちが学校を卒業した、十九歳の頃でした。〔解放前は〕ここでは全部日本人たちが賃貸しして、鉄工所、工場、木工所などを大規模にやっていました。その頃は〔工場が〕大きくなったらすべてここに集まって、税務署もここにありました。今は車を進入禁止にしてひどく衰退してしまいましたが、当時は北城路が一番大きい町で、土地の値段も一番高かったんですよ。日本人たちは大邱市内で元町通りが一番いいと言っていました。その当時、お金持ちはすべてここに住んでいたんです。

——解放で日本人たちが引き揚げていったとき、店はどのように処理したのですか。

そのまま残していったり、〔自分が営んでいた〕店の店員に引き渡したりしたんです

よ。(37)

（慶北大学校博物館『北城路産業工具路地の文化と人びと』、拙訳、以下同）

語りは具体的な店舗にも及ぶ。

D鉄物は今の中央公園にあって、ムグンファ百貨店の横だったのでここから近かったんですよ。今はなくなってしまったけれど、D鉄物〔の社長〕は日本人の下で働いていたのですが、〔事業を〕引き続き受け継いで〔経営〕していたのです。(38)

また、北城路で計量器販売店を営む男性は、現在店舗として使っている建物が敵産家屋であると説明する。植民地時代、日本人が営む計量器販売店で働いていた彼の父親は、引き揚げる日本人店主から店舗をそのまま引き継ぎ、一九四八年に同じ場所で新たに計量器販売店を創業した。

――今、使っている建物は日本式の建物ですか。

そうだよ、日本の建物だよ。当時、日本人がここで計量器販売店を営業していたんだ。それを、うちが引き取った。うちの亡くなった父が。

――では、お父様はここで関連した仕事をなさっていたのですか。

そうだよ。もともと日本の奴の会社だったんだが、規模がちょっと大きかったそうで。やっと日本人が戻っていったから、うちの亡くなった父が引き取ったんだ。(39)

義理の父親が解放前に達城《タルソン》公園の前で工具の露天商をしていたという男性は、一九七五年頃に妻の実家の金物屋を継いだ。この敵産家屋にいくども手を加えながら、店舗として使ってきた。

——義理のお父様がこの仕事を始められたのはいつ頃でしょうか。

たぶん、解放前……〔あるいは〕解放されるやいなや、こちらに来たのかもしれない。一九四五年頃に。この店舗の前方の部分、これは日帝〔日本帝国主義〕の建物だと。昔、ここは部屋だったんだ、部屋。〔建物の〕前は残っています。前は残っていて、後ろは何度もこうして手を入れながらそのたびに修繕したんですよ。前と後ろと〔に細長い構造〕は昔の建物そのままだと。後ろの側に長い〔植民地時代の税法に対応した結果、道路に面する幅が狭く、奥行きが深い〕構造が。

——では、一九四五年度くらいに日本人の建物、ここに初めて、北城路に入っていらっしゃる際、ここに一番に入っていらっしゃったほうですね。

そうでしょう。金物屋では一番古いです。(40)

このように、直接植民地時代を経験したり、植民地時代を経験した世代から直接話を聞いたりした工具商人たちは、北城路の歴史とともに、自分たちが店舗として使っている敵産家屋について説明する。

北城路の店舗だけではなく、町工場の中にも、敵産家屋を使いつづけているところがある。たとえば、ある技術者は日本による植民地時代にまで遡る建物の由来や、その古い建物をどのような工夫をしながら使っているのか、次のように説明する。

ここは日帝時代には米の倉庫だった。この床を掘ると五層に、天井は四層になっているんだ。床は一番下の層に地面を掘ってビニールを敷いて、その上に小石を載せて、次に砂の層を入れて、湿気が上ってこないようにしているんだ(41)

(時間と空間研究所『手で創る未来——北城路鉄工所』、拙訳、以下同)

工具商人も敵産家屋に手を入れながら使ってきたと語っていたが、町工場の技術者たちの語りからは、敵産家屋を使いつづけるために必要な技術や工夫が具体的に浮かび上がってくる。つまり、敵産家屋でおこなう作業の種類によって、必要となる修繕や補修は変わってくるのである。人びとの必要に応じて技術を鍛え、製品を生産し、修理してきた北城路の技術者たちにとって、自分の仕事場を使い勝手よく整備するのはお手のものだった。たとえば、ある技術者は自作の油圧プレスについて次のように説明する。

このプレスは作ってから十五年ほどが経った。米軍部隊から出てきた古物を改造して作ったんだ。ハンマーでずっと作業をしていると大変だし、作業の正確性が落ちる。油圧プレスは力も強く、作業の正確性が高まるからこれを導入したいと思って見てみると、市販の油圧プレスはあまりに大きくうちの店には置く場所がない。だから私の作業場や私の体に合う機械を使おうとこれを作ったんだ。(42)

ここで注目すべきなのは、彼が自分の働く町工場での制限された空間の中でも使えるように、わざわざ油圧プレスを自作した点である。機械の大きさや工程に合わせて必要な広さを確保するのではなく、逆に、作業スペースや身体性に即した既存の空間で作業するために工夫する。これは彼だけに限ったことではない。北城路の技術者たちは、持ち前の技術を活用して何かと制限の多い北城路の建物を使いこなしてきた。たとえば、「[北城路の全盛期は]一九七〇〜九〇年。以前は北城路には小さな鉄工所が多かった。この店の中を五区画に分けて五軒の町工場が入るくらい栄えていた」(43)という技術者の語りからは、現在は一つの町工場として使っている区画を、北城路の全盛期には五つに分けて使うことによって、狭くはあるがより多くの技術者が独立して働けるように工夫がなされていたことがわかる。北城路の技術者たちは現在も、体積が大きい製品を扱う場合は、建物だけでなく裏にある庭を野外作業場として使ったり、隣の区画を使っていた町工場が去ったのを受けて作業場を拡張したりするなど、限られた空間を臨機応変に活用している。

このように、技術者たちがみずからの技術を用いて工夫しながら物理的制限の多い北城路で働いてきたことを確認したうえで、改めて敵産家屋と町工場の技術者の関係に立ち戻ろう。「これは日帝時代の建物だから雨が降るとあちこち水が漏れる。周期的に補修してあげなければならない」[44]という技術者の語りからもわかるように、敵産家屋は彼らが手を加えつづけなければ使えない、使い勝手の悪い建物である。一方、ある町工場では、露出している木造の天井の梁に電線をかけたり、重いものを動かす際に使うホイストを設置したり、といったふうに、古い建物の構造をうまく使って作業をスムーズに進められるように工夫していた[45]。

工具商人たちが、植民者であった日本人との直接的なかかわりや解放後の状況といった北城路の歴史をふりかえりながら敵産家屋について語るのに対して、町工場の技術者はみずからの技術を使って手を入れながら敵産家屋とかかわってきた過程について語る傾向がある。このようにポイントの置き方は異なるが、工具商人たちも技術者たちも、敵産家屋で働いてきたことに変わりはない。つまり、敵産家屋は彼らにとってごく当たり前の存在であったのだ。

第三章

敵産家屋を都市の歴史に位置づける

一、敵産家屋と大邱の歴史

本章では、舞台を北城路から大邱へと広げる。そして、大邱で活動していた「まちかご（거리）文化市民連帯」という市民団体の事例を通じて、敵産家屋の社会的な位置づけについて考察したい。

この市民団体のメンバーは、二〇〇一年、大邱の文化資源を探そうと、改めて自分たちの「まち」を発見するべく調査を開始した。そして、「何となく歩いていたときには気づかなかったが、よくよく見ると屋根の線や瓦が韓国のそれとは異なる」見慣れない家屋を数多く発見する。調べていくうちに、その家屋が「敵産家屋」であることを知った。さらにまちを歩き、大邱の近代史を調査・研究した彼らは、現在の大邱の空間的都市構造が日本による植民地時代に強く規定されていることを知る。

解放から朝鮮戦争へと続く混乱のなか、仕切りを入れ小さな部屋に分けられて避難民の仮住まいとなった敵産家屋もある。前章の舞台であった北城路の場合は敵産家屋が工具商人の店舗兼自宅、あるいは町工場として使われたが、本章で取り上げるように、大邱の旧市街地の東や南東に位置する住宅地では敵産家屋が住居として使われていた。しかし、郊外化が進み、これらの敵産家屋は持ち主が住む高級住宅から古い借家へと、不動産としての位置づけを変化させていった。老朽化も進んでいくなかで、敵産家屋はその役目を終えたかにみえる。しかし、まちかご文化市民連帯はこれらの敵産家屋を、植民地支配の物的証拠として、すなわち「負の歴史的遺産」[1]として保存しようとはしなかった。そうではなく、都市の歴史を調査、研究、そして案内をすることを通じて、植民地時代や敵産家屋を含みこみながら大邱に残る歴史的な建築物や町並み――いわゆる歴史的環境[2]を保全する運動を展開した。本章の目的は、彼らの運動の論理から、敵産家屋が社会的に位置づけられる過程を明らかにすることである。

二、「まちかど文化市民連帯」とその活動

「まちかど文化市民連帯」は、大邱の地域文化の活性化のためには市民の暮らしに息づく文化を生かさなければならないという認識のもと、歴史と芸術に焦点を当てた活動を展開した市民団体である。具体的には、大邱の近代史を調査、研究、そして市民にガイドする事業のほか、「まちかど文化祭り」をはじめとする各種イベントの主催や後援、芸術家たちと連携した文化芸術教育事業、経済的あるいは身体的な問題で文化や芸術を楽しむことが制限されている人びとを支援する文化バウチャー事業などをおこなっていた。「まちかど文化市民連帯」は、二〇〇二年から二〇〇八年までのおよそ六年間にわたって活動していた市民団体で、現在は活動していない。しかし、彼らが始めた活動は他の市民団体や行政に引き継がれ、大邱の都市景観や観光資源開発などの側面に大きな影響を与えつづけている。したがって本章では、この市民団体が休止するまでの活動を

対象に分析していく。[3]

彼らの活動は、二〇〇一年、大邱YMCAの大学ボランティアを中心に始まった。それは「大邱文化地図づくり」というプログラムで、大学生二〇人ほどが大邱の文化資源を探し、地図化する作業を実施した。一九七四年生まれで大邱出身のクォン・サングはこの頃からのメンバーであり、まちかご文化市民連帯の事務局長として活動を牽引した市民運動家である。二〇〇二年には、大邱YMCA大学ボランティアと大邱広域市ボランティアセンターが共同で、大邱の路地に積み重ねられた歴史を記述する『路地（골목）は生きている』というガイドブックを出版し、大邱のまちをガイドするようになった。このガイドは、後述するまちかご文化市民連帯の「ウォーキングツアー」の前身である。同年八月には地域文化に関心をもつ人びととストリートアーティストが協力して、「まちかごマイム祭り」を開催した。このイベントの開催をきっかけに、イベントを企画した人びととボランティア、アーティストが集まって、二〇〇二年十二月、「まちかご文化市民連帯」が結成され、二〇〇三年三月には社団法人となった。二〇〇七年十一月現在、まちかご文化市民連帯の会員は約一五〇名、実務をとりおこなう専任職員は四名であった。

三、『擇里志』と『大邱新擇里志』

結成以来、まちかど文化市民連帯は『大邱新擇里志《シンテンニジ》』の刊行のため、独自の調査、研究を続けてきた。朝鮮時代に書かれ、後世に広く読まれた『擇里志《テンニジ》』という古典があるのだが、『大邱新擇里志』は現代版『擇里志』を目指していたという。そこで、まずは、『擇里志』がいかなる書物であるのかを確認しておこう。

『擇里志』は朝鮮時代の実学者、李重煥《イジュンファン》（一六九〇―一七五六）が著述した十八世紀の人文地理書である。朝鮮は十六世紀末から十七世紀はじめにかけて日本と清から侵略を受けたために、戦乱で国土が荒廃し、社会も疲弊していた。また、支配階層の人口が増えて分裂と派閥争いを繰り広げたため、政治的な混乱が続いていた。十七世紀から十八世紀にかけて実学思想が台頭した背景には、このような当時の社会状況があったのである。李重煥は実学思想に基づき「自国を再度見直す必要性を感じて、調査を行い、暮らしやすい地を追求」(4)するために、朝鮮八道の地形や気候、産業・交通の状況、人間の気質、名勝、各地に伝わる故事等を『擇里志』に記した。

『大邱新擇里志』は、なぜ『擇里志』を手本としたのか。この理由を考えるうえで重要と思われる点をいくつか挙げてみたい。一つ目は、『擇里志』が、人びとが安心して暮らせる土地がないのは、支配階層の引き起こす政治的混乱が波及した結果、社会全般が分断されているからである、という立場から書かれた点である。暮らしやすい土地について論じるというスタイルを取りながらも、随所に鋭い社会批判が組み込まれている。

二点目は、『擇里志』では風水地理説で示されるような抽象的な暮らしやすさだけではなく、具体的に土地を検証した結果として暮らしやすさが論じられている点である。李重煥は住みやすい土地を探すポイントとして、地理、生利（生計／経済）、人心、山水（自然）を挙げ、実在する都市や村落を検証しながら暮らしやすい土地について論じている。そのため、各地域の都市や村落の歴史的形成過程や故事が記述され、これらの検証作業を通じて土地それぞれの個性が明らかになっている。

およそ百五十年にわたって写本で流布され、多くの人びとに読まれてきた『擇里志』が活字印刷されたのは、日本人が朝鮮半島に注目しはじめた十九世紀以降で、実際の印刷にも日本人が深く関わっていたようである。[5]李重煥がみずからの生きる社会の現状を批判的に捉えつつ暮らしやすい土地を論じた『擇里志』に、植民者として朝鮮に入ってきた日本人が関心を抱いたのは皮肉である。当時の日本人にとって、『擇里志』は暮らしやすい土地を探すという目的のための手段に過ぎず、支配階層が引き起こす社会の分断を批判するという『擇里志』本来の観点は削ぎ落とされていたのかもしれない。

まちかど文化市民連帯の市民運動家たちは、当時の社会のありようを批判しながら、各地域を多角的かつ具体的に検証して暮らしやすい土地を求めた『擇里志』の精神が、現在の大邱には必要である、と考えた。そこで、まちかど文化市民連帯は『擇里志』の精神に基づき、大邱という地域とその歴史を『大邱新擇里志』に記していったのである。

この『大邱新擇里志』の実に約半分が日本による植民地時代の大邱に関する記述である。だが、当時の文献資料は特に少ないため、『大邱新擇里志』を編むにあたっては、航空写真を基に作った地図をボランティアに渡し、当時を知る人びとに話を聞きながら調査を進めた。(6) 二〇〇一年の調査開始から数えると、少なくとも一度はこの調査にかかわった市民は約百名にのぼる。そして二〇〇七年三月、足かけ六年の調査と研究を経て、五七六頁にも及ぶ『大邱新擇里志』が刊行されたのだった。クォン・サングはこの本を、読む本ではなく、まちを歩くためのガイド本であると強調する。二〇〇七年十月現在、初版四〇〇〇部のうち、二三〇〇部は市場に出ており、残りの一七〇〇部が事務所で保管されていた。

この『大邱新擇里志』で説明されている場所や建物のうち、実は一〇%しか二〇〇七年現在の大邱に存在していない。彼らは地図に、二種類の線（点線はなくなった建物および空間、実線は現存する建物および空間）や四種類の色（朝鮮時代、日本による植民地時代、解放後の時代、現在）を用いる工夫をして、大邱の歴史が積み重なっている様子を平面上に表現した。それは彼らの活動が、現存する場所や建物を調べ、紹介するだけではなく、すでに失われたものも含めて大邱の来歴を明らかにする志向をもっていることを示す。

そして、最後のページには次のように記されている。「『大邱新擇里志』は毎年修正され、アップグレードされます。インターネットカフェ（インターネット掲示板）(7) でみなさまの多くのご指摘とお問い合わせをお願いいたします」。これが実際にどの程度励行されていたかどうかはともかく、『大邱の再発見――大邱新擇里志』というこのサイトには、二〇〇七年十一月十日現在九八一名が会員として登録していた。

また、まちかご文化市民連帯は、申請を受けて大邱のまちのガイドをしていた。これは「ウォーキングツアー」（以下、ツアーと略）と呼ばれ、市民が個人的に申請することもあれば、学校などの団体単位で申請する場合もあった。ツアー料金は一人あたり五〇〇〇ウォン（二〇〇七年当時のレートで四〇〇円程度）で、家族で申請する場合は一家族二万ウォン（同、一六〇〇円程度）であった。学校のクラスや福祉団体など、大人数のツアーもあれば、公務員や建築家など、専門家が専門的なツアーを希望する場合もあり、申請者の希望に応じてさまざまなツアーを実施していた。大邱も開催都市の一つであった二〇〇二年ワールドカップや二〇〇三年に大邱で開催された夏季ユニバーシアード競技大会といった国際的なメガスポーツイベントが開催された際には、言語ボランティア団体と協力し外国人を対象としたツアーを実施した。ツアーガイドはまちかご文化市民連帯職員のほか、ボランティアが担当していたが、『大邱新擇里志』の刊行にともなってコースが急増し、二〇〇七年の調査当時にはガイドできるボランティアは五名しかいなかった。そこで、希望者を対象にガイド養成研修[8]をおこない、ツアー実施体制を拡充する準備をしていた。

「ランドマークがあるような観光地を案内するのではなく、市民たちがごく普通に住んでいる場所を案内するツアーなので、わかりやすいツアーではないけれど、多くの人が参加している」とクォン・サングは言った。二〇〇七年十一月現在までのツアー参加者は、およそ四年でのべ約八〇〇〇人に上った。

四、大邱の来歴と開発の論理

第一章でも指摘したように、大邱のいわゆる「近代化」は、韓国人ではなく、内地人と呼ばれた日本人によってなされた。歴史的建造物であった大邱邑城の城壁を撤去し、都市の発展という名のもと、その跡地を十字に横切る新しい道路を作るというこの一連の出来事は、日本人が主導した近代化の内実をよく表している。韓国は一九四五年八月に解放を迎えたが、その後も植民地支配を受けた経験は地域社会に影響を与えつづけた。今なお日本人によって建てられた建物が数多く大邱に残っているのも、その一つである。

まちかど文化市民連帯の事務局長クォン・サングは、これらの建物が現存する理由を次のように述べる。一九四五年の解放でそれまで植民地経営していた日本人が突然去ったとき、それを引き継いだ韓国人には日本による植民地時代を清算する余裕などなく、敵の財産である建物を活用するしか他に道がなかった。そこで、官庁や企業は名前を韓国式に変えるなどしながら、日本人の不動産を韓国人の所有にしていった。当時官公署だった場所には今も官公署があり、当時銀行だった場所には今も銀行が並ぶように、現在の大邱の町並みは日本による植民地時代にその起源をもつ場合が非常に多い。たとえば、日本による植民地時代に大邱《たいきゅう》府庁があった場所には、大邱《テグ》広域市の市庁がある。当時、朝鮮殖産銀行大邱支店があった場所には韓国産業銀行が、当時タバコを製造・専売していた大邱専売支局があった場所には、KT&G（二〇〇二年に社名を韓国タバコ人参公社から変更）がある。日本による植民地支配からの解放、そして朝鮮戦争と続く混乱のなか、とにかく目の前にある敵の財産であった建物を利用するしか選択肢がなかった結果、現在にまで建物が残されたのである。

しかしながら、このような大邱の来歴は大邱の住民の間でもあまり知られてこなかった。その原因として、先のクォン・サングは大邱の都市化を指摘する。外部からの人口流入をともなう急激な都市化によって、大邱に住む人びとが大邱についてよく知らないという現象が生じてしまったのである。ここで指摘された大邱の急激な都市化を人口から確認しておこう。朝鮮戦争の際には韓国側が大邱の大部分を掌握しつづけたため、序章で言及した金源一の『庭の深い家』という小説に描かれていたように、各地から多くの避難民が集まった。

その後も大邱の人口は増えつづける。朝鮮戦争休戦直後の一九五九年には約六五万人だった大邱の人口は、十年後の一九六九年に一〇〇万人を超えた。統計データによると、当時、大邱出身者は人口のわずか七%に過ぎず、慶尚道や隣接する地方の出身者が人口のほとんどを占めていた。また、世帯主のおよそ六割が四十歳以下の、非常に若い都市であった。(9) 多くの若者たちが大邱にやってきた背景には、韓国の工業化がある。韓国では一九六〇年代から製造業を中心とする工業化が本格化し、一九七〇年代には繊維、食品などの軽工業から鉄鋼、機械、造船などの重工業へと転換していったが、政府主導で一貫した輸出志向型の工業化が進められた結果、製造業の拠点が特定の地域に著しく偏った。一九八四年当時、全製造業労働者の約半数がソウル・京畿地方で、残りの四〇%は釜山と大邱の二大都市がある嶺南地方で働いていた。[10] 繊維製造業の拠点の一つであった大邱には多くの労働者が流入し、こうして、人口が一〇〇万人を超えてからわずか十五年後の一九八四年には、人口二〇〇万人の大都市となっていた。

その後も大邱の人口は一九九〇年代中頃まで一貫して増加傾向にあった。ただし、一九九五年に慶尚北道達城郡を編入し、直轄市から広域市へと改称されて以降、大邱広域市の住民登録人口は二五〇万人前後を推移しているが、二〇〇三年をピークとして、やや減少傾向にある。[11]

このように、人口の急激な流入が、大邱に住む人びとをして大邱という都市の来歴を知らない状況を生み出した。もちろん、一部の郷土史家によって、大邱の近代史が調査されてきた。[12] しかしながら、「まちかど文化市民連帯」は、植民地支配に端を発し、高度経済成長によって引き起こされた、市民が都市の歴史と切り離されて暮らす状況を市民運動が取り組むべき課題として捉え、自分たちの足で大邱の歴史を調べることによって乗り越えようとしたのである。

クォン・サングはこれらの活動の目的を、「大邱を再発見して、何を残し、何をなくし、何を保存し、何を大切にし、何を育て、何を愛さなければならないのかを、これから『大邱新擇里志』によって集団的に経験」することによって、大邱の地域文化を形成することにあると言う。すなわち、まちかど文化市民連帯は大邱において歴史的な建築物や町並みを保全するための社会的な基準を構築しようと試みたのである。

ここで確認しておかなければならないのは、「まちかど文化市民連帯」の活動の背景にあった社会問題である。大邱は、主要産業であった繊維製造の衰退とともに一九八〇年代頃から停滞期にあり、まちかど文化市民連帯が活動していた当時、この都市の停滞を宅地の再開発によって乗り越えようという動きが非常に活発であった。実際に再開発によって多くのマンションが建てられた結果、大邱ではすでにマンションの需要と供給のバランスは崩れ未分譲マンションが増えていたにもかかわらず、二〇〇七年八月末の時点で大邱地域に設立されている再開発および再建築事業推進委員会は一〇五に上っていた。[13] 必要とされていない開発までもが進められようとするこの大邱の状況に対して、クォン・サングは異議を唱えていた。そして、ここに彼らが活動を通じて歴史的環境保全の社会的な基準を切実に求める理由があった。いともたやすく必要のない開発を受容してしまうのは、大邱に住む人びとが大邱の来歴を知らないからではないか。このような考えのもと、彼らは大邱の歴史を調べ、人びとに案内していたのである。

五、敵産家屋に住む人びとの語り

まちかご文化市民連帯の事務局長クォン・サングは、敵産家屋を「白眼視するよりも、多様な視線で見守る必要がある。保存するかなくすかについての正確な基準が必要なときだ」[14]と言った。この言葉からは、大邱で歴史的環境保全の社会的な基準を構築する際、敵産家屋も保全の対象になりうる、という彼の考えがうかがえる。しかし一方で、あくまでも敵産家屋は敵産家屋であり、たとえば、植民地時代をめぐるツアーは「日帝植民地侵略史ウォーキングツアー――わたしたちがみずから記録する余裕がなかった物語」と銘打たれているように、侵略の歴史とともに語られる。そのとき、「まちかご文化市民連帯」の活動について、ひとつの疑問が浮かぶ。「敵産家屋」というきわめて微妙な立場にある建築物に対し、なぜ彼らは歴史的環境として保全する可能性を見出しているのだろうか。

クォン・サングによると二〇〇七年当時、大邱には一〇〇〇軒あまりの敵産家屋が存在していた。それは日本による植民地時代の日本人住宅で、大きく分けて私宅と官舎がある。所有者である日本人から個人的に韓国人へと売却されたものもあれば、解放後に政府による没収と払い下げを経て韓国人の所有となった敵産家屋もある。先述したように、一九五〇年代、朝鮮戦争の混乱で全国から避難民が大邱に集まっていた。当時は現在と比べて建物も少なく、住む家のない多くの避難民がいる状況で、敵産家屋も高級住宅とされていた。一九七〇年代までは大学教授、公務員といった裕福な人が敵産家屋に住んでいたが、このような人びとがやがて郊外のマンションに移り住んだことを受けて、大邱の敵産家屋は空洞化していった。二〇〇七年当時は、取り壊されて別の建物が建てられる、あるいは借家になっているケースが多いという話であった。しかしながら、敵産家屋を守り、後世に伝えようとする人もいた。次に、三徳洞のチャン・サンギ[15]と、梨泉洞のキム・ジニョクが所有する敵産家屋の例を挙げる。

第一章で確認したように、日本人植民者は二十世紀に入る頃から大邱邑城の城壁の外の、北と東に広がっていた空き地のような土地に市街地を形成していった。三徳洞はこうして開発された市街地の一つで、旧市街地の東に位置する。[16]日本人植民者は新たに開発したこの市街地を三笠町と名づけた。一九一一年のことである。一九三五年末現在の三笠町の人口は、内地人二二五三人に対して朝鮮人一一四四人であり、日本人が多く住む地域であったことが統計からもわかる。[17]また、主要な行政機関が周辺に位置していたため、三笠町には官舎や裕福な商人の邸宅が多かった。[18]そして解放後の一九四七年に日本風の三笠町から三徳洞へと地名が改称された。[19]チャン・サンギによると、朝鮮戦争時はすぐそばを流れる新川ぞいに避難民がテントを張って住んでいたという。

抽象画家であったチャン・サンギの父の張石水《チャンソクス》（一九二一－七六）は、解放直後の一九四七年、絵を描くために三徳洞の敵産家屋を購入し、以来六十年近く一家で住んでいた。しかし、二〇〇〇年頃から一家は道路を挟んで向かいの建物の二階に住みはじめ、以後、父の作品を展示しつつ、自身も美術教師であるチャン・サンギがアトリエとしてこの家を使用している。一家が居を移した理由の一つとして、住みづらさがあるという。敵産家屋はとにかく冬に寒い。また、風通しがよく、瓦屋根なので、横殴りの雨が降ると室内に雨が入ってくる。家の修理やアトリエの改良などもチャン・サンギみずからがおこなっていた。

一九八〇年代後半、ある日本人が訪ねてきた。一九四五年当時大邱に住む中学生だった彼は、仕事の関係で韓国に来た際、以前自分が住んでいた家を訪ねたのである。彼によるとこの家は、一九四二年、彼の父が当時の三笠町に永住の意思をもって建てた家である。だが、その三年後に敗戦を迎え、一家は日本へ引き揚げた。彼はチャン一家の家を見て、当時の様子がよく残っていると言っていたそうだ。[20] 二〇〇七年現在、この地区では再開発の話が出ていた。自宅に父の作品を展示し、父が数々の作品を生んだアトリエとして自宅を残したいと考えているチャン・サンギは、再開発に反対しているとのことだった。[21]

キム・ジニョクが住む梨泉洞《イチョンドン》は、三徳洞の南に位置する。日本による植民地時代は大鳳町と呼ばれていた。八十聯隊[22]が置かれた町で、補章で取り上げる森崎和江が幼い頃に暮らしていた地区でもある。小高い丘に建てられたキム・ジニョクの家は、日本による植民地時代に市街地で薬局を営んでいた町田という商人の別荘である。[23] この別荘は町田自身の別荘と、三人の息子たちの別荘三軒の計四軒で構成されていたが、町田自身の別荘は朝鮮戦争の混乱で焼失したようである。

解放後の一九四七年、音楽家・声楽家の權泰浩《クォンテホ》がこの家で「大邱音楽学院」という近代的な音楽学校を開いた。しかし経営難に加え、立地が旧八十聯隊の跡地に近く、朝鮮戦争時に米軍が敵産家屋として接収してしまったため、この音楽学校は数年しか続かなかった。米軍の接収後は将校たちが住んでいたようだ。その後も何度か所有者が変わったが、一九七〇年代にキム・ジニョクの両親が焼失を免れた別荘のうち一軒を自宅として購入した。そしてさらに、その隣に建っていたもう一軒の家も購入した。二〇〇七年現在、キム・ジニョクが住んでいたのは後に購入した家であり、残っていたのはこの家だけであった。

幼い頃からこの地域に住んでいたキム・ジニョクによると、この家は地域の人びとから「マチダベッソウ」と呼ばれており、裕福な商人であった「町田」なる日本人が骨董品などを庭に埋めて去ったに違いない、といううわさもあった[24]。そこで実際に一九七八、九年頃、兄と一緒に庭を三日間、人ひとりすっぽり入るくらいの穴を掘ったところ、その奥に誰かが掘ったと思われる穴が見えた。しかし、それ以上は掘り進めることができず、埋め戻してしまったそうである。

画家であったキム・ジニョクは、結婚を機に独立し、五年ほどマンションに住んでいた。だが、両親と同居していた兄弟がソウルへ引っ越したため、再び両親とこの家に住むことになった。家の修理はすべて応急処置的に本人がしてきた。しかし、家屋の老朽化が進み、この家をどうするかについて家族で話し合いがもたれることになった。妻と子どもたちは新しく家を建て替えたいと言ったが、結局はキム・ジニョクの独断でこの家に住みつづけることとし、これからもこの家に一家が住むために本格的な修理をした。だが、この地区もまた再開発が予定されていたために自宅が失われる可能性に直面したキム・ジニョクは、この家の来歴を多くの人に知ってもらいたいという考えから二〇〇七年、自分の家の門に「權泰浩の大邱音楽学院　旧町田別荘」という標示を設置したという。

六、敵産家屋を人びとの経験から捉え返す

ここまで、敵産家屋を使いつづける、あるいは住みつづける人びとによる自宅の説明を確認してきたが、続いては、敵産家屋についての彼らの語りと『大邱新擇里志』の記述とのずれを手がかりに、まちかど文化市民連帯が企図する、歴史的環境保全に向けた社会的な基準の構築過程を検討する。

『大邱新擇里志』には、チャン・サンギの自宅が紹介されている。(25) だが、その記述はチャン・サンギの父で、この家屋に住んでいた画家の張石水と家屋の構造を中心としており、チャン・サンギに関する記述はほとんどない。ましてや彼の自宅をめぐる出来事や自宅に対する思いなどはまったく触れられていない。前節のチャン・サンギとキム・

ジニョクによる自宅の説明には、確かに『大邱新擇里志』に収まりきらないような個人的な思い出が含まれていた。そしてそれは同時に、『大邱新擇里志』が人びとの個人的な思い出から距離を取りながら成立していることを意味している。確かに、まちかど文化市民連帯の調査に同行すると、彼らは歴史的な出来事——たとえば、この家は何年に建てられたのか、ここに引っ越してきたのは何年か、以前は誰が住んでいたのか——を丁寧に聞き取っている。そして、『大邱新擇里志』にはこうして聞き取られた歴史が淡々と記されている。

しかしながら、事務局長のクォン・サングは次のように述べる。「どんな土地であってもそこに住んできた人たちは、自分が住んでいた土地についての記録をするでしょう。私が住んでいた故郷はこうで、私が住んできた都市はこうで、私にはそこであるエピソードがあって、こういう思い出があって、など、そういうことはふつうに、よくあるのです。どの都市にも同じように。大邱という都市はこのようなものが非常に不足していたということです」。すなわち、大邱という都市に必要なのは、人びとの「思い出」であると彼は指摘するのである。これは、一般的に大邱の歴史が知られていないことではなく、大邱に暮らす市民が大邱の歴史を知らないことが市民運動の課題とされていたことともかかわってくる。

ここでもう一度確認したいのは、『大邱新擇里志』はまち歩きの本であり、『大邱新擇里志』出版とツアーは同じプロジェクトであるといってもよいほど密接な関係にある、というクォン・サングの説明である。大邱で起きた歴史的な出来事を調査・研究するだけでは運動は成立せず、人びとをその歴史の舞台に案内して、具体的な場所から歴史を伝えるところまで含めて彼らの運動があることを彼は強調しているのである。

ここで、大邱に生まれ育ち、大邱の市街地の拡大とともに開発されてきた東の郊外に住む三十代のある女性の声に耳を傾けてみよう。彼女は、まちかど文化市民連帯が主催するツアーへの参加をきっかけに彼らの活動に興味をもち、ガイドの研修を受けた。はじめてツアーに参加したときの感想を聞くと、彼女は「いつも歩いていた道なのに、説明を聞いたらその道が新しく、いつもとちがうように見えるようになった」[26]と述べた。

つまり『大邱新擇里志』やツアーは、大邱の歴史的な出来事とそれが起きた具体的な場所を伝えているが、その目的はあくまで大邱に住む人びとがみずからの経験や「思い出」から大邱を捉え返し、新たに都市の「思い出」を語るための材料を提示するところにある[27]。そして、ここから、ある歴史的な建築物を保全するのか、放置するのか、撤去するのか、といった社会的な議論を始めようとするのである。たとえ現存する場所や建物についての記述が一〇%程度であっても『大邱新擇里志』が歴史書ではなく、歴史的環境保全に向けた本といえる理由はここにある。

七、歴史から都市の現状を相対化する

なぜ、「まちかど文化市民連帯」が敵産家屋に保全の対象としての可能性を見出したのかという問題に立ち戻れば、次のようにまとめることができる。すなわち、日本による植民地時代に日本人という他者が建てた建物であっても、大邱に住む一人ひとりの経験からその歴史を捉え返す。このことが、社会に対する批判的検討とその土地の来歴を両輪として暮らしやすい土地を求めた『擇里志』の精神に基づく彼らの活動にとって、決定的に重要であったのである。大邱に住む一人ひとりの経験に寄りそいつつ、歴史的環境保全に向けて社会的な基準を構築したいと願っていた彼らは、敵産家屋を植民地支配の象徴とは考えなかった。そうではなく、チャン・サンギやキム・ジニョクがみずからの経験から自宅に住んでいた日本人や韓国人について語るように、人びとがみずからの文脈依存的に大邱の来歴を捉え返す材料として、敵産家屋を提示するのである。

まちかど文化市民連帯が焦点を当てようとした他者は、植民地時代の日本人だけではない。『大邱新擇里志』、さらには次章で取り上げる「大邱の再発見――都市再生プロジェクト」へとつながっていく市民運動のユニークさについて、みずからも実務家として関わった文化人類学者チョン・ユジンは次のように指摘する。――市民運動は「私たちの歴史に現れなかった人びと（妓生、親日派、奴婢）、私たちの中に包摂させなかった他者たち（華僑、宣教師、日本人）をもれなくすべて同じ空間のなかに引き入れて物語れるよ

うにした」。[28] このように、これまで蚊帳の外に置かれていた他者を大邱の歴史に組み込む試みは、都市の現状を相対化する視点をもたらす。市民運動に流れる『擇里志』の精神は、ここにも現れているのではないか。

二〇〇七年当時、「まちかご文化市民連帯」は大邱の人びとへメッセージを発しはじめたばかりであった。しかしながら、「再開発するかどうかは大邱に住む人びとがその来歴を知り、立ち止まり、躊躇することを通じて選び取らなければならない」という強い信念のもと、大邱の歴史を調べ、それを人びとに案内していた。再開発によって多くの場所や建物が日ごと失われてゆくなかで、歴史的な建築物や町並みを保全する社会的な基準を構築しようとする彼らの活動は、今後の大邱という地域社会のあり方に新たな選択肢を提示する試みであった。

第四章

敵産家屋が可視化する
地域コミュニティの履歴

一、韓国の都市再生プロジェクトと敵産家屋

第三章では大邱という都市全体を対象として活動を展開する市民運動を取り上げたが、本章はふたたび舞台を北城路に移し、敵産家屋の保全について考察する。大邱の来歴を明らかにして、大邱に暮らす市民へ伝える市民運動は、後述するように北城路における敵産家屋の保全へと発展した。その結果、工具商人と町工場の技術者が働く工業地区である北城路の地域コミュニティは、敵産家屋を通じて植民地時代の歴史と向き合うことになったのである。本章の目的は、北城路の外部から転入してきた人びとを担い手とする景観保全が、北城路で働く人びとの生活を排除せずに、新たな景観を創り出す意義を明らかにすることである。

第一章でも言及したように、韓国の地方都市の多くは「旧市街地」と「新市街地」が分離しているが、二〇一〇年代に入ると、旧市街地の空洞化が社会問題として位置づけられ、韓国各地で旧市街地を対象とした都市再生政策が活発に進められるようになった(1)。たとえば、二〇一六年に蔚山広域市で筆者が実施した聞き取り調査では、旧市街地でファサード中心のリノベーションが進められており、同時に空洞化した旧市街地に人を呼び戻すような多彩な文化プログラムが運営されていた(2)。

このような都市再生の動きと前後して、日本帝国主義の残滓とされてきた敵産家屋が「観光資源」として位置づけ直されるケースが現れた。第二章、第三章で具体的な例を

挙げて確認したように、植民者として朝鮮半島に渡ってきた日本人が敗戦によって引き揚げた後も敵産家屋は韓国の人びとによって使われてきた。したがって、朝鮮戦争の戦火や大規模な開発をまぬがれてきた都市、特にその旧市街地には敵産家屋が残されているることが多い。ただ、残されているとはいえ、敵産家屋が人びとの関心を特段集めることはなかった。

ところが、旧市街地の空洞化の進行と都市再生政策の進展という文脈において、この敵産家屋が観光資源として注目を集めるようになったのである。たとえば、全羅北道群山《クンサン》市は市内の敵産家屋を観光資源として保存し、活用を進めている。釜山広域市の「釜山水晶洞日本式家屋」は二〇〇七年に国家登録文化財となり、二〇一六年から一般公開されている(3)。開港とともに港町として発展してきた仁川《インチョン》広域市の、開港当時の日本租界エリアには、二〇一二年にオープンし、翌年「仁川旧大和組事務所」として国家登録文化財にもなった「カフェ・パダル」があり、建物のファサードが日本風に整備された一角もある。仁川の旧市街では、まず、二〇〇七年頃から仁川広域市中区によるチャイナタウンの整備・開発が進み、続く二〇〇八〜一〇年頃には、旧日本租界エリアでも木材を使いファサードを日本風にする都市景観整備作業が進められたという(4)。作業が進められた町並みのすぐそばには、植民地時代に建てられた仁川広域市中区庁舎がある。

このように、都市によって観光資源としての活用方法は多様であり、また、日韓関係の変化に左右される側面も少なくないのだが(5)、二〇一〇年代には敵産家屋を観光資源として活用するケースがみられるようになったのである。

二、北城路近代建築物リノベーションとよそ者の流入

工業地区として栄えてきた大邱の北城路で近代建築物リノベーションがおこなわれ、敵産家屋が歴史的な建築物として保全されるようになった発端は、実は第三章で取り上げた市民運動にあった。『大邱新擇里志』を刊行した翌年の二〇〇八年に、「まちかご文化市民連帯」は市民団体としての活動を休止した。だが、その活動は「時間と空間研究所」という市民団体に引き継がれていった。

この市民団体は、これまで「まちかご文化市民連帯」で活動してきた市民運動家に加え、建築学者や建築家、文化人類学者、歴史学者といった専門家で構成された研究所で、大邱の近代史を建築として再現する体制を備えていた。そして、大邱の歴史をみずからの足で調査し、それを市民に伝えていく運動は、官民協働の都市景観整備事業として展開されることとなったのである。二〇一〇年末当時、中区の建築物のうち四五・三％が一九七〇年以前に建てられたものであった。大邱広域市全体の一三・〇％と比べると、中区に古い建築物が集中していることがわかる。(6) このように、中区では建築物の老朽化が進んでおり、都市景観を整備する必要があった。折しも、二〇一一年には大邱で世界陸上が開催されることになっていた。そこで、都市景観整備のコンセプトとして市民た

ちが発掘してきた大邱の歴史が活用されたのである。

こうして整備された「大邱近代路地」は二〇一二年、韓国観光公社の「韓国観光の星」に選ばれ、二〇一三年には韓国文化体育観光部の地域文化ブランド大賞を受賞、さらに同年「大邱の再発見――都市再生プロジェクト」として福岡アジア都市研究所のアジア都市景観賞を受賞した。地方都市の旧市街地の衰退という課題に直面していた当時の韓国において、「大邱の再発見」とその成果にもとづく都市景観整備事業は都市再生の先駆的な試みとして高く評価されたのである。

北城路近代建築物リノベーションは、国土交通部の都市活力増進地域開発事業の一環として始まり、北城路一帯の近代建築物の保全及び活用を目的として、大邱広域市中区が二〇一四年度から二〇一六年度までの三年間実施した事業である。民間の事業主体を対象とした事業で、近代建築物の考証やリノベーションの設計など専門家が審議したうえで、中区がファサードの工事費用を中心として、全体の八〇%の範囲内で、最大四〇〇〇万ウォンを支援することになっていた。

対象建築物の条件として挙げられていたのは、次の三点である。

（一）一九六〇年代までの建築様式を保存する韓屋《ハノク》(7)、あるいは近代建築物。
（二）場所性、歴史性、活用性がある建物であり持続可能な使用が可能な建築物。
（三）公共的価値、雇用創出及び観光活性化に寄与できる建築物。

（『北城路時間旅行——大邱中区近代建築物リノベーション事業案内書』より引用、拙訳）

したがって、植民地時代に建てられた敵産家屋も対象に含まれる。また、支援を受けるためには、事業主体と地方自治体間で五年間の実効的使用及び維持を約束する協約書を締結しなければならない(8)。

大邱広域市中区によるこの事業が開始する前の二〇一一年から二〇一三年にかけて、プレ事業として市民団体「時間と空間研究所」の主導で四件のリノベーションがおこなわれた。プレ事業でリノベーションされた建物は、すべて敵産家屋である。「大邱の再発見」、民間主導のプレ事業、北城路近代建築物リノベーションという一連の流れで中心的な役割を担ってきた市民運動家で、「時間と空間研究所」理事のクォン・サングによると、北城路の建物はひと目で近代建築物とわかる建物ではなく、それをリノベーションして歴史的な建築物として保全する都市再生プランを中区に持ち込んでも、荒唐無稽な話だと思われてまったく相手にされないので、手弁当で実際にやって見せて中区を説得した、という。後述するように、特に敵産家屋の場合は現状と復元後の姿がまったく異なるため、プレ事業でしっかりと成果を示す必要があった。こうした民間によるプレ事業を経て、中区の事業が始まったのである。二〇一四年度には第一次事業として七件の、二〇一五年には第二次事業として十二件のリノベーションが実施され、最終年度の二〇一六年八月末現在、第三次事業として十三件のリノベーションが進行中であっ

表2　北城路近代建築物リノベーション一覧

店名・施設名	業種	建築時期	完成時期
① 三徳商会	カフェ	1930年代（敵産家屋）	2011年10月
② アーキテクトン	建築事務所	1930年代（敵産家屋）	2013年2月
③ 工具博物館	博物館	1930年代（敵産家屋／木造倉庫）	2013年5月
④ パン（Pann）	レストラン&ゲストハウス	1905年頃（敵産家屋）＋1950年代（韓屋）	2013年8月
⑤ The Style 韓屋&スパ	ゲストハウス	植民地時代〜1955年代（木造倉庫）	2014年8月
⑥ ミックスカフェ北城路	カフェ	1910年代（敵産家屋）＋1955年	2014年9月
⑦ The Style キッチン1916	調理体験施設	1960年代（韓屋）	2014年10月
⑧ 極東ダクト	機械販売	1920〜30年代（敵産家屋）	2014年10月
⑨ 大邱ハル	日韓交流施設&ブックカフェ	1960年代	2015年1月
⑩ 日本軍「慰安婦」歴史館	博物館	1920年代（敵産家屋）	2015年5月
⑪ トゥラク	アートショップ&カフェ	1950年代（木造倉庫）	2015年5月

①〜④：プレ事業、⑤〜⑪：第一次事業

出典：大邱広域市中区都市づくり支援センター『北城路時間旅行』および聞き取り調査から筆者作成

た[9]。

プレ事業及び第一次事業の内訳は、表2の通りである。もともと北城路には資材や工具、機械を扱う店舗、町工場のほかにも、北城路で働く人びと向けの小規模な商店や食堂、タバンと呼ばれる喫茶店などがあった。しかし、リノベーションによって、北城路で働く人びとを主要なターゲットにはしていない多様な商業施設や文化施設——カフェやゲストハウス、博物館など——が開業した。

こうして、それまで北城路に足を運ぶことのなかったよそ者がこの町にやってくることになった。リノベーションで入っ

出典：聞き取り調査から筆者作成

てきた施設はお世辞にも工業地区にふさわしいものではなく、それらの施設を訪れる人びとも、工具や機械を買う客になりそうもない。こう考えると、自分たちの商売には何の関わりもない近代建築物リノベーションによる歴史的な建築物の保全は、北城路で働く人びとから手放しで歓迎されるものではなかったはずである。

三、工業地区における歴史的建築物の保全

大邱広域市中区の北城路近代建築物リノベーションが始まった当時の北城路では、むしろ工業地区で働く人びとにとって迷惑な事業だ、という意見も聞かれていた。この事業の目的の一つは、工具店や町工場が郊外に移転して空洞化が進んでいた北城路の空き店舗の有効活用であった。しかし、実際にこのプロジェクトが始まると、家賃が上がって追い出される借主が出てきた、という噂話が流れるようになったのである。当時、北城路の近代建築物リノベーションに実務家として関わっていた「時間と空間研究所」研究員アン・ジンナによると、「これはジェントリフィケーションなのではないか」という批判も耳に入ってきたという。

ジェントリフィケーションとは、都市の衰退地区において、居住者の階層上昇と再開発による居住空間の改善が同時に進む現象である。もともとの住民の立場からこの現象を捉えると、地価や賃料が上昇し、住居を失うことを意味する。韓国のソウルでは、す

でに二〇〇〇年代からジェントリフィケーションが社会問題となっていた。都市地理学者の金泰勲《キムテフン》によると、小劇場が集まる演劇の街・大学路《テハンノ》や、小さなギャラリーや小物屋、個性的なファッションショップなどが立ち並ぶ芸術とサブカルチャーの街・弘大《ホンデ》は、一九九〇年代までアーティストの街として知られていたが、二〇〇〇年代に韓国文化芸術基本法規定で管理される文化地区に指定され、多くの商業施設が立地した結果、地価が上昇して、アーティストたちが活動の場を失い、他地域への移住を余儀なくされた。こうしたアーティストの受け皿になったのが、一九八〇年代まで鉄鋼工業地区として栄えていた文来洞《ムルレドン》であった。ここでは一九九〇年代に製造業の衰退により工場の移転が進み、その結果、空いた建物にアーティストが入って活動を始めたのである。だが、この文来洞もアーティストの街というイメージが形成されて観光地化されると地価と家賃が上がり、アーティストが追われていく例が出てきているという(10)。特に、文来洞の事例は、衰退した工業地区に外部からアーティストや商業施設が流入する点で、北城路と重なる部分が多い。北城路近代建築リノベーション事業がジェントリフィケーションを引き起こすのではないか、という批判は、こういった、ソウルで実際に進行していたジェントリフィケーションをふまえたものであった。

この批判に対して、北城路近代建築物リノベーション事業の実務を担っていたクォン・サングやアン・ジンナの見解は、次のようなものであった。この事業に先立って二〇一一年六月に慶北大学校博物館が実施した、工具・機械販売店と町工場の一五七カ所を対象としたアンケート調査[11]によると、月売り上げのボリュームゾーンは、一〇〇〇万ウォン（二〇一一年のレートでおよそ七二万円）以上五〇〇〇万ウォン（同、三六〇万円）未満が全体の三六％、一億ウォン（同、七二〇万円）以上五億ウォン（同、三六〇〇万円）未満が一九％、五〇〇〇万ウォン以上一億ウォン未満が一五％という結果であった。北城路は一見衰退した工業地区だが、月売り上げを見る限り、それぞれの事業者は営業が立ちいかなくなるような状況にあったわけではない。

また、店舗の所有形態をみると、本人所有が四二カ所（二七％）で、賃貸が九七カ所（六二％）となっていた。確かに、店舗や町工場を借りているおよそ六割の事業者は、本人所有の事業者よりも北城路では弱い立場にあり、家賃の上昇で北城路を追われる可能性も高い。だが、その心配も少ないという。北城路の土地や建物の所有者の中には、ソウルや海外など、大邱の外に住む人が一定数いる。彼らの多くは北城路で経済的に成功して、ソウルや海外に出て行った人たちであり、儲けるためにではなく、自分たちのルーツの場所を手放すに忍びなく、いまだに北城路の土地や建物を所有するケースが多いという。北城路の不動産の家賃を上げたり、売り払ったりして、小金を稼ぐという発想が彼らにはないのである。したがって、近代建築物リノベーションでジェントリフィケーションが起きて、工具商人や町工場の技術者が北城路を追われる可能性は少ないのではないか、というのが彼らの読みであった。

北城路近代建築物リノベーションを通じた歴史的建築物の保全は、あくまでも工業地区である北城路で展開されることが前提となっていた。そして、リノベーションが進んでいくと、工業地区の景観が確実に変化していったのである。

北城路では、古い建築物をさまざまな資材で覆い、大きな看板をかけることによって、建築当時とは異なる用途——主に資材や工具、機械を販売する店舗や町工場として使ってきた。今でもこうした使い道であれば、看板をかけ、建物内部を整理して、商品や必要な機材を運び込むだけで比較的簡単に北城路で開業できる。だが、このように使われる建築物のファサードからは、その由来をうかがい知ることができない場合がほとんどであった。一方、リノベーションの場合、不動産探しや売買、賃貸契約のほかにも、専門家による考証、設計、工事など多くの段階を経る必要があり、開業するまでには時間的にも金銭的にも大きな負担がかかる。しかし、リノベーションによって覆いが外され、時代考証を経て、原形を活かすための設計や建築がなされた建築物は、もともと北城路に存在していたにもかかわらず、従来は見られなかった景観を北城路にもたらしたのである。

四、歴史的に異なる時代が混在する新たな景観

では、敵産家屋や一九六〇年代までに建てられた近代建築物が含まれた景観は、北城路という地域コミュニティに何をもたらすのだろうか。「時間と空間研究所」の理事で

あるクォン・サングは、北城路近代建築物リノベーションの意図を次のように語る。

近代建築物リノベーションは、一九六〇年代以前の古い建物、特に植民地時代に建てられた敵産家屋のファサードを資材で覆いつつ使いつづけてきた、現在の北城路のあり方を否定するものではない。とはいえ、そのまま敵産家屋を使いつづけてきた都市もあるなかで、建築物を覆って外観からその正体をわからなくするような存続法は、植民地支配を受けた歴史に対するコンプレックスの表れのように思われる。だからこそ、建築物の覆いを剝がして、原形を明らかにすることによって、自分たちが都市のきちんとした主人になれるのではないかと考えた市民たちによって、近代建築物リノベーションが進められているのである。(12)

ここで注目すべきは、個々の建築物ではなく、北城路、あるいは大邱という都市の問題として、近代建築物リノベーションが語られている点である。近代以降、常に外部からの人口流入を経験してきた大邱であったが、人口流入が落ち着いた現在は、都市の来歴や、さらには都市のありようが問われるようになった。近代建築物リノベーションは、旧市街地の衰退の打開策として、打ち捨てられてきた敵産家屋や近代建築物を観光資源に再生させるにとどまらず、オルタナティヴな都市の継承を模索する試みといえるだろう。

論を先取りするならば、敗戦による日本人の引き揚げや、朝鮮戦争の混乱、急激な産業化によって、多くの住民が入れ替わる経験をした大邱において、北城路近代建築物リノベーションは、個々の建築物の歴史を都市へ視覚的に再配置することによって、都市の経験を可視化した。

リノベーションによって新たに流入した業種は多様であり、工業地区である北城路の既存の生活とは直接的な関係がない用途で使われている建築物がほとんどである。それでも、建築物の従来の造りの活用や建築物の歴史の展示といった方法で、それぞれの建築物はその歴史を背負っている。たとえば、二〇一五年十二月に開館した「ヒウム日本軍『慰安婦』歴史館」では、建築物に備えつけられていた防空壕を展示に活用している。民間の日韓交流センターで、ブックカフェでもある「大邱ハル」も、防空壕の跡を利用したユニークな造りになっている。「ミックスカフェ北城路」は、一九一〇年代の建築と推定される敵産家屋と一九五五年に竣工した近代建築物が組み合わさった造りをそのまま活かして営業していた。また、建築物の歴史に関する展示が、カフェ「三徳商会」や「ヒウム日本軍『慰安婦』歴史館」、さらにレストランとゲストハウスの複合施設である「Pann」などで見られた。

ただし、リノベーションによって個々の建築物が個別に継承されているだけではない。そうではなく、これらの建築物を大邱や北城路といった都市の経験に位置づける工夫がなされている点に、この歴史的な建築物保全の特徴がある。

二〇一二年、大邱広域市中区全域を対象として「都心建築資産の保全的再生のための実測記録化事業」が進められ、最終的に韓国の伝統的な家屋である韓屋《ハノク》三五六二軒、近代建築物一八四四軒が確認され、景観および立地の観点から韓屋二四九軒、近代建築物四六八軒を抽出した「統合管理マトリクス」が作成された[13]。韓屋と近代建築物を合わせると約七〇〇の建築物の詳細なデータが集められ、アーカイブ化されたのである。この調査は、近代建築物リノベーションを本格的に開始する前に実施された事前調査と位置づけられる。

重要なのは、リノベーションの対象となった建築物は、プレ事業から第三次事業に至るまで最大でも三六件で、アーカイブの総計七〇〇の一割にも満たないことである。この調査は個々のリノベーションの下準備の役割を果たす一方で、どのような建築物が近代建築物リノベーションの対象となったとしても、同区全域の文脈に位置づけることを可能にする。つまり、近代建築物リノベーションにおいては、建築物そのものの価値よりも、北城路や、さらには大邱の旧市街地の他の建築物との関係においてどのような特徴をもつ建築物であるのかが重視されたのである。

歴史的な建築物や町並みを保全する際には、「いつの時代のものを保全するのか」という「歴史的定点」[14]が問われることになる。北城路近代建築物リノベーションは対象を一九六〇年代以前と定めているが、当然そこには日本による植民地時代の建築物も入ってくる。では、それらの建築物は、歴史的定点を植民地時代に置いてリノベーションされ、歴史的な建築物として保全されているのだろうか。具体的な例を挙げて検討してみよう。

「三徳商会」という風変わりな名前のカフェは、数年にわたって休業状態だった金物屋の敵産家屋をリノベーションして二〇一一年十月に完成した建物だが、名前の由来はこの建物で営まれていた金具店「三徳商会」であった。また、二〇一三年五月に市民団体「時間と空間研究所」が大邱広域市中区の支援を受けて開館した工具博物館は、米の倉庫として建てられた敵産家屋をリノベーションした建築物で、解放後の北城路の核となる工具関連の展示がなされていた（図4）。展示物の多くは先の三徳商会をはじめ、周囲の工具店から寄贈された品々――工具、金具、部品、生活用品等――であった。外観が敵産家屋でありながらも、名前や中身は解放後の北城路を引き継ぐこれらのケースは、植民地時代と解放後の双方の歴史を受け継ぐという点でユニークなリノベーションである。

図4　旧工具博物館。2019年9月、筆者撮影

それらをふまえて、ここで着目すべきは、一つの建築物に二つの歴史的定点が織り込まれている点である。たとえば、大邱広域市中区が発行した近代建築物リノベーション事業に関するパンフ

レットには、工具博物館の目的として、次の三点が挙げられている。

一番目の目的は、日本による植民地時代の時代性を反映する日本式建築物をなるべく原形に近づけて保全することである。

二番目の目標は、韓国最大の産業工具街である北城路を象徴する拠点をつくることである。

三番目の目標は、衰退している北城路の工具街に新しい活力を生み出し、さらに新しい世代がここでチャレンジできる都市プロジェクトを遂行することである。(15)

(『北城路時間旅行――大邱中区近代建築物リノベーション事業案内書』より引用、拙訳)

ただし、工具博物館の展示は、大邱広域市中区庁が二〇一五年度から二〇一七年度まで実施した「北城路歴史伝統マウル(村)事業」の一環で建てられ、二〇一八年五月に開館した北城路技術芸術融合所「モルム」(16)に移され、工具博物館の建物はカフェを運営する民間業者に貸し出されることになった。市民団体の持ち出しで運営されていた工具博物館を行政のプロジェクトに組み込んで運営を安定させ、活動をさらに展開していくことが、この移転の目的の一つであったと考えられる。もともと「モルム」が建てられた場所にあった建物も工具博物館と同じく敵産家屋で、朝鮮戦争時には避難民が住むために、いくつもの小さな部屋に分けられた痕跡があり、北城路の経てきた歴史を体現するような建築物であった。当初はこの家屋をリノベーションして使用する計画だったが、状態が非常に悪く、技術的にリノベーションが不可能と判断されたため、敵産家屋を取り壊し、新築の建物を建てることになったという。

このような経緯があり、植民地時代の元町を象徴する敵産家屋に解放後の北城路を象徴する工具を展示する、という工具博物館のスタイルは五年で終わったが、工具博物館が掲げた目的からわかるのは、日本による植民地時代の繁華街であった元町と解放後に産業工具街として栄えた北城路という二つの歴史的定点を一つの建築物のリノベーションを通じて同時に表現しようとする明確な意図である。そして、この元町と北城路という歴史的定点のズレは、現在の北城路の景観、すなわち資材や工具、機械を販売する店舗や町工場の並びに、突如としてリノベーションされた敵産家屋が現れる景観にも通じる。この歴史的定点のズレを内包する歴史的環境保全は、景観を統一しようとする指向性をもたない代わりに、景観を通じて北城路の来し方を示す。リノベーションを通じて歴史的な建築物が保全されることによって、工業関連の店舗や町工場が並ぶ統一された景観から、歴史的に異なる時代が混在する新たな景観が生み出された。この景観が表現するのは、北城路が日本人によって繁華街として開発された後、韓国の人びとが工具・機械のまちとして発展させてきたという都市の時間の流れなのである。

五、生活実践の履歴の可視化

北城路では、なぜ一つの建物に二つの歴史的定点を織り込むリノベーションが進められたのか。解放後七十年以上が経った二〇一〇年代の韓国においては、植民地時代の状況を理解し、当時の建物を復元する手がかりが非常に少ない。したがって、当時の建物に住みつづけてきた、あるいは当時の建物を使いつづけてきた人びとの語りは重要になってくる。二〇一〇年頃から本格化した大邱広域市中区の建築物アーカイブと近代建築物リノベーションの動きをまとめた『都市アーカイブ――創造的都市再生のための場所の記録と記憶の再構成』（二〇一四年）で、「地域についての記憶を視覚化するために口述を土台とした空間化の戦略が必要である」[17]と述べられているように、北城路で現在も働く人びとの語りがリノベーションの出発点となっている。たとえば、一九三〇年に生まれ、解放後の一九四〇年代後半に北城路にやってきた工具商人の男性は、一九〇七年に大邱邑城の城壁が撤去されて進んでいった大邱の日本人による都市開発について、当時と現在の地名を行ったり来たりしながら次のように語る。

植民地時代はこの場所が元町通りで、現在の中央通りは本町通りと呼ばれていたんだよ。最初にできたのが元町で、その次が本町なんだけど、その後に中央路、南城路、北城路、西城路、東城路と道が拓かれていったんだ。それまでは元町通りと中

央通りしかなかったんだよ。(18)
（慶北大学校博物館『北城路産業工具路地の文化と人びと』、拙訳、以下同）

解放後に生まれた世代も、植民地時代に繁華街だった元町の象徴であり、日本人によって経営されていた三中井《みなかい》百貨店の建物の変遷について語る。地上五階、地下一階建てだった三中井百貨店は、植民地時代の大邸で最高層の建築物で、唯一エレベーターが設置されていたこともあり、大邱の人びとの記憶に深く残る建物だった。

今の大宇《テウ》駐車場、トンイルペイントの近所に三中井百貨店の建物があったんですよ。私が幼い頃は軍部隊が使っていて、その次は西大邱税務署が、続いて大宇が引き取った後、撤去してしまったんです。(19)

北城路で古くから働く人びとの話を聞くと、北城路が敵産家屋によって成り立った歴史的な経緯は、景観としては可視化されていなかったが、人びとに共有されていたのがわかる。ただし、リノベーションはこうして語られた歴史の中に北城路を閉じ込めようとしているわけではない。

第二章でも言及したように、北城路で働く人びとはよく「ここに来ればすべての問題を同時に解決できる」と言って北城路を自慢するが、リノベーションに関連する具体的な作業を実際に進めるにあたって、しばしば周囲の工具商人や町工場の技術者たちの助けを借りる人は多い。「このようなことがしたいのだが」と相談すると、北城路で働く人びとは「それだったら、あそこに行って相談してみろ」「それだったら、こうすればよい」と、次々に解決方法を教えてくれる。もちろん、彼らがリノベーションそのものを肯定的に捉えているわけではないし、北城路にやってきてカフェなどを始める人や、北城路で作品を展示しようとする芸術家に対して理解を示しているわけでもない。北城路は「図面さえあれば、戦車も作ることができる」という言葉が生まれるほど、いかなる問題も解決できる工業地区であった。今も、北城路で働く人びとには「ここに来れば、すべての問題を同時に解決できる」という自負がある。だからこそ、リノベーションを契機として北城路に入ってきた人が困って相談に来ると、「なんでこんなことをするのか、まったくわからない」と言いながらも、その問題を解決するために何が必要で、その必要なものを買うにはどの店に行けばよいのか、必要なものを作るにはどの町工場に行けばいいのか、といった問題の解決方法を教えてくれるのである[20]。それは、まるで町工場のベテラン技術者が新参者を北城路の流儀でもてなすかのようであった。

北城路は解放以来、さまざまな時代状況の変化に対応することによって工業地区として成長してきた。朝鮮戦争前後の生活必需品の生産から始まり、大邱の近郊の農村で農機具が必要になれば、農機具の開発や修理をしてきたし、大邱で製造業が盛んになれば、それに必要となる物資や部品、機器を調達してきたし、日常的に使われる機械の多くが大型工場で大量生産、大量販売されるようになると、大型工場では難しい個別のきめ細やかな対応ができる工業地区となって現在に至る。北城路の工業地区としての強みが、リノベーションやリノベーションにともなって入ってきた人びとの問題を解決するエピソードからは、北城路が今も新しい状況に対応していることがうかがえる。こうして、リノベーションを通じて歴史的な建築物を保全することによって、工業地区として栄えた北城路が過去のものではなく、現在進行形のものであることが、新たに経験されていくのである。

このように、北城路近代建築物リノベーションは、建物の原型を復元するにとどまっていない。むしろ、このリノベーションはこれまで建物がどのように使われてきたのかを明らかにする過程なのであり、地域コミュニティの歴史をつねに意識化させ、地域コミュニティの現在を問い直す営みと表裏一体なのである。

ここで重要なのは、第二章で論じた北城路で働く人びとの生活実践と不可分な点である。いわば、北城路のリノベーションによる歴史的環境の保全は「生活実践の履歴の可視化」であり、北城路を支えてきた生活実践に根ざし、地域コミュニティを肯定しつつ、地域コミュニティの今後のあり方を模索する試みなのである。

終章

地域コミュニティに受け継がれる敵産家屋

一、北城路再開発の動きとリノベーションの限界

本書で取り上げた市民運動が展開される一方、北城路で働く人びと、なかでも工具商人たちのなかには、既存の建物をすべて撤去して再開発すべき、あるいはそうした再開発はやむなしと考える人が多い。工具商人たちへの聞き取りを中心に構成された『北城路産業工具路地の文化と人びと』（慶北大学校博物館、二〇一一年）を読むと、北城路はいったん更地にして再開発すべきであり、工業地区は郊外に移転することになるだろうと、工具商人たちが異口同音に語っている。なかには、工具商人や町工場の技術者が一致団結して郊外移転できなかった北城路の現状を問題視する人もいる。工業地区の部分的な郊外化が進み、拠点が分散してしまったことは、北城路で働くすべての人びとにとって決して望ましいものではない。こうした状況を避けるためには、行政が北城路で働く人びとのコンセンサスに基づいて、集団で郊外移転を進める政策を打つべきだった、というわけである(1)。

実際に、北城路で住民主導の再開発計画が持ち上がったこともある。一九四〇年生まれで、約六十年前からベアリング（軸受）などの機械部品を販売してきた男性は、再開発推進委員会の委員長であった。彼によると、再開発は二〇〇〇年代中盤に建築会社から持ち込まれ、それを受けた住民が法令によって定められた再開発推進委員会を結成し

た。当初、一階を工具・機械部品等を販売する店舗、二階以上をマンションにする計画であったが、具体的な調査をしてみたところ、予想よりも利益が出ないことがわかり、再開発の話は立ち消えとなった。しかし、その際は条件が折り合わなかっただけで、再開発推進委員会はまだ解散していない。今からでも条件さえ合えば、住民主導で北城路を再開発する可能性は残っている、とのことであった(2)。

この聞き取りをした二〇一五年三月、再開発を目的とする住民総会への参加を呼びかける横断幕を北城路で見かけた。二〇一七年には、北城路の目と鼻の先で高層マンションが建築されていた。そして、二〇一九年十月にはリノベーションした一部の建物を含む、大邱駅に近い北城路の通りの北側の一地区の建物が撤去され、ついに北城路でマンション建築が始まった。このマンションは、地上四十九階、地下四階の高層マンション六棟で構成され、約八〇〇世帯が入居できる。一、二階には商業施設が併設され、二〇二三年十一月より入居が始まった。文字通り、北城路はスクラップ・アンド・ビルド型の再開発と隣り合わせなのである。

二〇一四年度から二〇一六年度にかけて大邱広域市中区の北城路近代建築物リノベーションが進められる一方、二〇一五年度から二〇一七年度にかけて同区は「北城路歴史伝統マウル（村）事業」を実施して、北城路の町工場の技術者たちがもつ技術の調査をおこなった。市民団体「時間と空間研究所」は中区から委託を受けて両事業を推進してきたが、その活動の中心は近代建築物から、北城路の地域コミュニティが保持する技術や文化へと徐々に移っていった。「北城路に来ればできないことはない」、つまり第二章で論じたコモンズとしての北城路を広く市民に伝え、活用していく活動が中心になっていったのである。たとえば、「時間と空間研究所」は、北城路の技術文化に関する三冊の本――『技術を学ぶ百の方法――北城路インサイト』、『みずから体得する手の技術――北城路技術マニュアル』、『北城路用語辞典――北城路近代技術用語使用説明書』を二〇一六年に出版した。

また、同年には、大邱広域市中区と「時間と空間研究所」が協働して「北城路技術生態系住民協業公募展『メイド イン 北城路』」という公募事業を実施した。これは、芸術家・製作者のアイディアを北城路の技術者の力を借りて実現すると同時に、北城路の技術の現代的継承、および社会的な価値の付与を企図した公募展であった(3)。この公募展では、北城路で得られる資材や技術を使って造形作品を製作する芸術家が多かったが、そのなかに北城路で鋳物屋を営む技術者から協力を得て、スパナやナット、ボルトといった工具の焼き菓子の型を作ったデザイナーの男性がいた。彼はこの焼き菓子の商品化を成功させ、翌二〇一七年に北城路に小さな店舗を構えて工具型の焼き菓子の販売を始めた。

二〇一八年五月に開館した北城路技術芸術融合所「モル」では、北城路で活動してきたアン・ジンナらの若手市民運動家を中心として結成された市民団体「Hoola」が、町工場の技術者たちとコラボレーションしながら市民向けワークショップや公演をおこなっている。

こうした、大邱広域市中区と、市民団体「時間と空間研究所」や「Hoola」による官民協働の試みが呼び水となって、北城路には行政からの支援を受けずに建物をリノベーションしてカフェやアトリエを開く人が出てきたり、カバンや小物などの手工芸品を作って売る店が入ってきたりした。北城路にはリノベーションを通じて保全されるようになった建築物が少しずつ増え、町並みも変化していった。

ただし、大邱駅から程近いとはいえ、繁華街から少し離れた北城路では、リノベーションをきっかけとして北城路に流入してきた人がすぐに商業的な成功を得たわけではなかった。リノベーションした建物のオーナーが頻繁に変わり、使われなくなってしまったケースもあれば、協約に反して当初からほとんど使われていないケースもあったようである。また、計画されたにもかかわらず技術的な理由でリノベーションが断念された例もあったし、工事途中でリノベーションが放棄されたようなケースもいくつか見かけた。

こうした北城路における具体的な再開発の動きや北城路近代建築物リノベーションの限界から、市民運動の挫折を指摘するのはたやすい。だが、本書では、この市民運動が北城路を中心におこなってきた活動に内在する可能性をすくい取りたい。そこで以下、まずグローバル化によって、大邱を含む韓国の地方都市が直面した状況を確認する。そして、北城路という地域コミュニティに基づく敵産家屋の保全を韓国社会の文脈に位置づけることによって、それが何と対峙しているのかを明らかにし、その可能性を見出してみたい。

二、アーバニズムの江南化

グローバル化によって韓国の地方都市が直面した状況の一つは、「江南化《カンナム》」(4)という言葉で表現できる。すでに一九九七年のIMF危機が、北城路で働く人びと、さらには北城路という地域コミュニティに大きな影響を与えた点については触れた。さらにマクロな視点から捉えると、IMF危機は韓国が急速に新自由主義的グローバリズムに組み込まれていく契機となった。その結果、高度経済成長期を通じて比較的同質性の高かった中産層の内部で経済的両極化が進んだのである。こうして韓国に新たに現れたのが、新上流中間層である。韓国出身でアメリカの社会学者であるハーゲン・クーは、この新上流中間層に着目し、消費を通じた身分競争、居住地の階層的分離、そして極めて激しい教育競争という階級の差別化現象に焦点を当てて、経済的な両極化が社会的・文化的な両極化へと発展する過程を分析した(5)。

この階級関係の変化は、韓国の都市形態にも現れる。ハーゲン・クーが居住地の階層的分離の代表的な例として取り上げたのは「江南」である。江南は、ソウルの中心を東西に流れる漢江《ハンガン》の南側に国家の全面的な財政的・政策的支援によって開発された都市で、一九七〇年代以降わずか二、三十年のあいだに急激に発達した。グローバル都市として変容しつづけるソウルを論じた金成玟《キムソンミン》は、「「江南」という言葉には、①江南開発の出発点だった「江南区」を中心とした一定の地理・経済的空間（地図《ママ》）と、②そこを中心に生まれた特権的な社会・文化空間、この両方が交錯している」(6)と指摘する。つまり今日の韓国で江南は単なる地理的空間ではなく、不動産や教育等、さまざまな面で特権的な機会を与える都市として位置づけられているのである。この江南という一つの地区に富裕中産層が大規模に密集して暮らす現象を、ハーゲン・クーは居住地の階層的分離の例として読み解く。それは江南を舞台として消費を通じた身分競争や激しい教育競争が繰り広げられながら、社会的・空間的・文化的次元の格差と排除のプロセスが展開していく様子であった。

二〇〇〇年代になると、最先端施設を備えたマンション、現代的な都市インフラ、交通の便、質の高い教育施設、高級ショッピングモール、上昇しつづける不動産価値といった、富裕中産層が必要とする都市生活の条件を具備した江南は、あらゆる人が羨望する都市となった。だが、江南の不動産価格が上昇しつづけた結果、よほど経済的に恵まれた人でなければ、新たに江南に住みはじめることが難しくなる。一方、江南で暮らしたいという人びとの欲望はとどまるところを知らず、ソウル近郊には江南と似た新都市が形成され、江南で暮らしたいが実際には住めない中産層の受け皿となった。この、江南と似た都市を複製しようとする江南化の傾向は全国に波及していく。比較的規模の大きい釜山や大邱といった地方都市に、江南を模した新都市が開発されたのである。大邱の場合、江南に見立てられる地区は、旧市街地の東の郊外に開発された寿城区《スソング》といわれている。もちろん、こうして開発された新都市は江南に及ばないが、それでも江南化の趨勢は全国の至るところでみられる現象となった。江南を頂点とする都市の序列で下位に位置づけられた地方都市で、江南が与えるような特権を追求するためには、江南を模倣した都市で暮らす道しか残されていなかったのである。

ここで確認しなければならないのは、江南に住むことに至上の価値が見出され、それが叶わなければ江南と似た都市に住みたいという欲望が全国的に都市形態として現れる状況において、北城路近代建築物リノベーションが実施されていた点である。しかし、北城路には高層建築物も、最先端施設を備えたマンションも、現代的な都市インフラも、質の高い教育施設も、高級ショッピングモールも、上昇しつづける不動産価値もなかった。老朽化した建物が立ち並び、不便な部分を残しつつもリノベーションされた建物があり、人口減少によって近所の小学校に通う児童の数は減り、子どもを見かけることが少なくなったと北城路で働く人びとは嘆く。目と鼻の先にある大邱駅にはロッテ百貨店が併設されているが、資材や工具、機械を扱う店舗と、そこで働く人びとのための店や食堂が商業施設のほとんどすべてである。また、北城路の地価がもっとも高かったのは、一九八八年に開催されたソウルオリンピックの頃であった(7)。

このように比較してみると、北城路近代建築物リノベーションが韓国の主流ともいえる江南化とはまったく異なる発想のもとに進められていたのがよくわかる。先述のハーゲン・クーは、「「江南の模倣」または「江南化」は都市形態だけでなく階級関係において、そして社会関係全体において現れる主要な韓国的現象である」(8)と重要な指摘をしていた。この指摘をふまえると、北城路近代建築物リノベーションは都市空間を超え、社会のあり方にも問題提起する市民運動であることがわかる。

三、ローカリティの商品化

一方、韓国の地方都市に目を向けると、「江南化」とは異なる動きも現れていた。韓国ではソウルに教育機関や就職先が一極集中しているため、若者が次から次へと去っていく地方都市は厳しい状況に置かれている。ソウル首都圏以外の都市は、たとえ韓国第三の都市の大邱であっても地方の一都市と認識されるほどである。こうした状況において、地方都市は中央のソウルに従属する周辺部ではなく、それぞれ独自の個性があり、これを尊重し、都市の発展に活かしていこうとする動きが現れた。

文化人類学者であり、北城路近代建築物リノベーションに活動家として関わっていたチョン・ユジンは、この背景を次のように説明する。日本の植民地支配からの解放後、激動の近現代史を経てきた韓国において重要なのは、「民族」と「国家」であり、「地方」は取るに足らない存在とされてきた。しかし、一九九〇年代中盤に地方自治制度が本格的に施行されるようになると、「地域」への関心が徐々に高まり、観光分野では地域間の競争が起きるようになった。さらに、ＩＭＦ危機によって停滞した地域経済と旧市街地を活性化させるオルタナティヴとして、地域の歴史・文化資源に対する関心がいっそう高まった、という[9]。チョン・ユジンの指摘で重要なのは、韓国という国家のみならず、地域が直接的にグローバル化と新自由主義経済システムに組み入れられた点である。

具体的な例を挙げよう。北城路の西端に達城《タルソン》という場所がある。達城は紀元前三世紀頃の初期鉄器時代に基礎が作られ、三世紀頃から本格的に城郭として使用されるようになったと推測される土城である。中世には有力な一族の居住地とされたり、官庁として使われたりした。植民地時代には日本人によって大邱神社が設置され、解放後は達城公園として大邱の人びとに親しまれてきた。チョン・ユジンは達城と達城をめぐる空間的な実践に焦点を当て、ローカリティが再構成されていくプロセスを描いているが、現在進行形の実践として、達城の世界文化遺産登録をめざす動きにも言及している。彼女によれば、二〇一三年に地域日刊紙の記者コラムで初めてこのアイディアが登場した後、特に目立った動きはなかった。だが、二〇一七年十二月に地元選出国会議員が言及することによって注目を集めることとなった。そして、達城を含む慶尚監営と大邱邑城を結びつけてユネスコ世界文化遺産に登録しようという主張が、地域政治のなかで次第に現実味を帯びていったという。チョン・ユジンは、これを外部の世界に向けて地域の歴史・文化を展示して商品化しようとする資本主義的な意図に基づく動きであり、「「土城への回帰」は「ユネスコ世界文化遺産登録推進運動」と結合してグローバルな消費者を狙っている」(10)と指摘する。

チョン・ユジンの考察から明らかになるのは、本書で取り上げた地域コミュニティに基づく敵産家屋保全のような市民運動や住民の実践が商品化され、国家が主導する新自由主義的グローバリズムの文脈に回収される可能性と常に隣り合わせである、という点である。特に、達城は北城路と地域的に重なる部分も多く、北城路近代建築物リノベーションも、こうした圧力に晒されていたことは容易に想像できる。現場で実務を担当する立場にあったチョン・ユジンは、市民の創造的な試みと実践に可能性を見出しつつも、次のような困難に直面したという。

だが、このような地域単位の活動は事実上国家単位で主導する「地域均衡発展」と「都市再生」および「地域活性化」のような政策の一部であり、自治体はそのような「事業」の予算支援を受けるために他の地域と競争しなくてはならず、選定されても支援を受けた予算に合致する可視的な成果を出さなければならないのが現場のリアリティである。そして多くの場合、そのような活動が結局外部の人びとから魅力的に見える「観光資源」を開発したり、適切に消費されるよい「観光商品」を生産したりすることに帰結する点において、「地域が主体になる」あるいは「住民たちの能動的な参加」という言葉がお題目に過ぎない現場も少なくない[11]。
（チョン・ユジン「文化的実践を通じたローカリティの再構成」、拙訳）

北城路の地域コミュニティの歴史に基づいて敵産家屋を保全したとしても、国家の政策という制限のもとにあり、さらには新自由主義的グローバリズムに組み込まれて商品化されるならば、それはいとも簡単に地域コミュニティの手から離れていってしまう。こうした緊張感の中で、「時間と空間研究所」などの市民団体は、大邱や北城路の歴史を調査し、その研究結果に基づいて歴史的な建築物を保全する活動を展開していたのである。

四、資本主義の歴史的展開と市民運動

北城路の敵産家屋の保全は、韓国の大きな趨勢である、江南をモデルとするような都市開発とは、まったく異なるものであった。しかし、それは、ローカリティの商品化によって骨抜きにされる可能性に晒されながら進められていた。言い換えるならば、「敵産家屋保全」は、消費や居住、教育を通じて特権を享受するため奔走するよう人びとを追い立てるような都市ではない、いい都市をめざす試みであり、また、ありとあらゆるものを商品化して、地域の文化や人びとの生活を破壊するような新自由主義的グローバリズム

によって形作られる都市ではない都市をめざす試みだったのである。

ここで改めて、この取り組みを牽引してきた市民運動の意図について考えてみたい。第三章、第四章で取り上げた市民運動に携わる人びとへの聞き取りでしばしば聞かれたのは、この市民運動の根幹は「植民地主義への抵抗」にあるということであった。植民地時代に関する記述が多い『大邱新擇里志』も、北城路近代建築物リノベーションによる敵産家屋の保全も、一見、日本帝国主義の残滓を守ろうとする動きのように思われる。だが、その目的は、新自由主義的グローバリズムを現在の植民地主義と捉え、これに抵抗し、大邱に住む人びとが主人公となるような都市の未来であった。

この、新自由主義グローバリズムを現在の植民地主義と捉える市民運動の論理を理解するうえで参考になるのが、ナンシー・フレイザー『資本主義は私たちをなぜ幸せにしないのか』（江口泰子訳、二〇二三年）である。フレイザーによると、資本主義は「制度化された社会秩序」[12]であり、「人種差別される人々から収奪した富の現在進行形の注入」、「社会的再生産」、「地球のエコロジー」、「政治権力」という四つの背景条件に依存している。これらの条件は、資本の蓄積を支える重要な基盤であり、資本主義秩序の本質的な構成要素であるにもかかわらず「非経済的」とされ、システムから制度的に切り離され、収奪される。この資本主義の制度的な分離は、蓄積の体制に応じて歴史的に変化してきた。それが「重商資本主義」、「リベラルな植民地資本主義」、「国家管理型独占資本主義」、「グローバル化する新自由主義資本主義」といった体制であり、これらの体制が、資本主義を構成する生産と再生産、経済と政体、人間と自然、搾取と収奪とのあいだに境界線を引いてきたのである。

たとえば、搾取と収奪のあいだの境界線に注目して、グローバル化する新自由主義資本主義の現状を説明すると次のようになるという。

そのため、今日の金融資本主義で私たちが目にするのは、搾取と収奪の新たな組み合わせであり、政治的主体化の新たな論理だ。従属し収奪可能な被支配民と自由で搾取可能な労働者とは、かつては明確に分かれていた。ところが、それに代わって新たな連続体が登場した。いっぽうの端には、無防備で収奪可能な多くの被支配民。その数は増え続けるばかりだ。もういっぽうの端には、保護され、搾取される〝だけ〟の市民＝労働者。その数は縮小の一途をたどっている。そして真ん中に新しく登場したのが、以前は自由だったが実際は無防備な対象、すなわち収奪され、搾取される市民＝労働者だ。もはや周辺の住民や人種的マイノリティに限らず、この新たなかたちが標準になりつつある。(13)

（ナンシー・フレイザー『資本主義は私たちをなぜ幸せにしないのか』、江口泰子訳。強調は原文ママ）

日本による植民地支配下の北城路は、まさに植民者が入り込んで被植民者である朝鮮の人びとを収奪し、富を蓄積した場所であった。日本の敗戦によって植民者が引き揚げれば、人びとはこの収奪から逃れられるはずだった。だが、連続する体制として資本主義の歴史的な展開を捉えてみると、敗戦による日本人の引き揚げによって搾取と収奪の境界線が引き直されただけで、収奪そのものは続いてきたことがわかる。つまり、現在の北城路が直面するグローバル化する新自由主義資本主義は、リベラルな植民地資本主義の延長線上にあるのである。これは日本帝国主義の残滓である敵産家屋を撤去して解決する問題ではない。

ここで重要なのは、「資本主義秩序の本質的な部分である「非経済的」的領域はどれも、絶対的な外部の視点を確保できず、完全に純粋で、完璧にラディカルな批判のかたちを保証できない。〔……〕闘争の前提にそのような対置を据えることは、資本主義社会の「制度化された社会秩序」に疑問を投げかけることではなく、無意識のうちにその社会秩序を反映することである」[14]というナンシー・フレイザーの指摘である。北城路で考えるならば、植民地資本主義を牽引した日本ではなく、朝鮮（あるいは韓国）を資本主義の外部に置き、この朝鮮（あるいは韓国）という外部から植民地資本主義を批判することは、資本主義という「制度化された社会秩序」の温存につながる。むしろ、植民地支配の痕跡を色濃く残す北城路の保全が、現在のグローバル化する新自由主義資本主義への異議申し立てとなりうるのではないか。本書が取り上げた市民運動の背景にはこのような発想がみられ、ここで敵産家屋は市民運動の抵抗の拠点となるのである。

五、　抵抗の拠点としての敵産家屋

敵産家屋の保全が、北城路で働く人びとのコミュニティを支えてきた歴史的環境保全であると同時に、市民運動の抵抗の拠点になっていることがわかった。では、他でもない敵産家屋がなぜ抵抗の拠点となりうるのか。

植民地朝鮮で植民二世として生まれた森崎和江は、みずからの中に根を張った朝鮮と対峙しながら詩を作り、思想を育んできた。その森崎が話し言葉の世界について語る際、次のようなエピソードを紹介している。それは、日本生まれの在日朝鮮人の男性が、在日朝鮮人の間では言いにくいと断りつつも、「たもと」という言葉が好きだと話したエピソードである。なお、朝鮮の伝統的な服の袖は細く、袂《たもと》に当たる部分はない。つまり彼が、胸がいたいほど好きだという「たもと」は、とりもなおさず日本の着物の袂を指す。「わたしと言葉」という一九七六年の講演録で、森崎は言う。

感性の中に、日常生活の様々な他人、あるいは風物が、自分とかかわりつつ這入り込んで来て、自分にとって大切な言葉になる、その根っこのあたりが、とっても大事だと思うんです。袂なんて言葉が好きなのは、それは日本の帝国主義にやられちゃっているからという理論もあると思います。そういう政治的な発想というのも分ります。分りますけれども、でも、ひとりの人にとって袂という言葉は、それを

大切にしてこそ、帝国主義とたたかえる。(15)

（初出『暗河』第十二号、一九七六年七月）

ある在日朝鮮人男性の、これまで生きてきた歴史に息づく、話し言葉としての「たもと」は、確かに日本の言葉である。日本による植民地支配がなければ、彼とこの言葉が出会うこともなかっただろう。だが森崎は、彼がこの「たもと」という言葉を大切にすることが、帝国主義との闘いにつながっていくというのである。

日常生活のかかわりのなかで入り込んできた「他者」が自分の大切なものとなる。その感性の根っこのあたりを基盤として闘う。この森崎の指摘を理解するには、「隣家の美学」（『非所有の所有――性と階級覚え書』所収）という文章に書かれた、筑豊の坑夫一家のボロボロになった住居の修繕《ケアリング》・補修への注目が参考になるかもしれない。戦後日本の文学・思想を研究する大畑凛によると「森崎は家内空間におけるこうしたつぎはぎの実践を、炭鉱地帯の貧困や窮乏の象徴としてではなく、女性たちが日常の生活の次元でうみだす「完成とは無縁な創造の主張」として知覚」(16)するという。そして、修繕・補修を「家父長制と資本主義のインフラとしての「家」を即座に解体させはしないが、「家」を内部から作り変える振る舞いとしてみることは可能だ」(17)とする大畑の解釈からは、「たもと」という言葉を大切にして帝国主義と闘うイメージが浮かび上がる。すなわち、「たもと」という言葉を胸がいたいほどご好きだという在日朝鮮人の男性が、話し言葉の世界に立脚しながら「たもと」という言葉を内部から作り変えていくことによって、その言葉をみずからにもたらした帝国主義を打ち砕いていくイメージである。

いみじくも、北城路で働く人びとが敵産家屋を使いつづけられるのは、絶え間ない修繕・補修の賜物であり、敵産家屋の保全自体も修繕・補修に連なる営みである。これは日本帝国主義の残滓を物理的に解体するものではない。だが、人びとの生活に基づいて敵産家屋に手を加え、使いつづけることによって、都市にはびこる新自由主義的グローバリズムに姿を変えた日本帝国主義の残滓を解体し、内部からから都市を作り変えようとする試みなのかもしれない。

序章で述べたように、本書はポスト世代が過去の植民地支配と向き合う契機を北城路の敵産家屋に求めてきた。ローカルで個別具体的な敵産家屋と人びとのかかわりに焦点を当てると、敵の財産を利用しながら、解放後を生き抜いてきた人びとの暮らしが浮かび上がってきた。だが、人びとの暮らしを支えてきた敵産家屋は老朽化が進み、手を入れつづけなければ使えないやっかいな建物となってしまった。それでもなお、敵産家屋は北城路で働く人びととともに存在する。このことを明らかにしたのが、北城路の敵産家屋をめぐる市民運動であった。興味深いことに、この市民運動は敵産家屋の調査を契機として、現在、工業地区となった北城路の地域コミュニティの肯定へとつながっていった。日本帝国主義の残滓として敵産家屋が撤去されていたならば、北城路で働く人びとのコミュニティが顧みられることもなかったのかもしれない。こうして、北城路で暮らし、働いてきた人びととの生活実践が市民運動の核になっていった。市民運動は、韓国を席巻する新自由主義的グローバリズムが都市を改変していく流れのなかで、人びとの生活に基づいた都市のあり方を模索する試みへと発展していったのである。

ここで改めて、ポスト世代が植民地支配に向き合う困難と、その突破口について考えてみよう。韓国の歴史学者の林志弦は、犠牲者主義ナショナリズムに基づいた植民地主義への批判が内包する脆さを、次のように指摘する。

> 犠牲者意識ナショナリズムの前提である加害者と被害者という二分法的世界観は、植民地主義とジェノサイド、ホロコーストなどを根源的に批判できない。それは植民地主義とホロコーストを生んだ世界史の規則を批判して変えるより、とにかく自分は有利な側に移ろうという欲望を生みやすい。敗者は勝者に、犠牲者は加害者にと席を替えたがるのだ[18]。
>
> (林志弦『犠牲者意識ナショナリズム』、澤田克己訳)

植民地主義を根源的に批判するためにも加害者と被害者という二分法を乗り越えなければならない。敵産家屋という存在は、具体的なモノであるがゆえに直接手で触れられる質感をもって、植民地時代をポスト世代に伝えてくれる。序章で詳述した筆者自身の敵産家屋へのまなざしは、筆者が日本生まれ、日本育ちの日本人である事実に規定されており、これを韓国に暮らす人びととは共有しえないだろう。そう考えると、加害者と被害者という二分法は容易に消えないのかもしれない。だが同時に、敵産家屋は現在の人びとの生活と地続きであり、この現在まで積み重ねられてきた人びとの生活に基づき、新自由主義的グローバリズムを批判する市民運動の拠点でもある。この市民運動が提起する都市のあり方は、韓国で暮らす人びとと筆者が分かち合える領域ではないか。ポスト世代にとって、異なる立ち位置から同時に植民地主義を批判しうる足場を生み出すことが、今後いっそう重要になっていくだろう。

補章

植民地朝鮮の大邱を読み継ぐ

一、森崎和江について

本書を終えるにあたって、大邱の歴史を調べ、伝えていく市民運動から派生し、出版された、ある書籍を紹介しておきたい。なぜなら、方法こそ違えど、この出版もまた異なる立ち位置から同時に植民地主義を批判しうる場をポスト世代に渡そうとする試みだからである。また、日本による植民地支配というテーマを取り上げつつも解放後に焦点を当てた本書の限界を、植民地朝鮮を描いた以下の作品の考察によって補いたいという意図もある。この補章では、筆者が訳者の一人として関わった森崎和江『慶州は母の呼び声――わが原郷』（以下、『慶州は母の呼び声』）の韓国語翻訳、そして出版に至るまでの概略を示す。そのうえで、インターセクショナリティという概念を手がかりとして、世代を超え、国境を越えて読まれようとしているこの作品の可能性について論じておきたい。

森崎和江は一九二七年、当時日本の植民地統治下にあった朝鮮の大邱《たいきゅう》で生まれた。一九四四年、福岡県立女子専門学校を受験するために、家族と離れ単独で日本に渡る。そして一九四五年、福岡で敗戦を迎えた。久留米に移った森崎は一九四九年に丸山豊が主催する詩誌『母音』を知り、翌年から同人として発表を続けた。一九五八年、生活と思索の場を筑豊に移した森崎は、谷川雁や上野英信らと文化運動誌『サークル村』を創刊した。翌年には女性交流誌『無名通信』を創刊する。当時、石炭から石油へというエネルギー転換が国として推進され、産炭地筑豊の労働と生活は炭鉱合理化の圧力にさらされていた。炭鉱合理化の進展と三池闘争の敗北を受け、一九六〇年に『サークル村』は終刊した。文化運動から反合理化闘争へと運動が変質していくなかで、一九六一年には『無名通信』も廃刊となる。だが、森崎は谷川雁が去ったのちも筑豊にとどまり続け、『サークル村』から大正闘争に至る運動を総括する作品や、炭鉱労働者の精神史を探求する作品を発表した。そして、炭鉱離職者の状況に目を向けることによって、改めて筑豊という場を問い直した。また、一九六八年の韓国訪問を契機として、これまで背景として描かれがちであった植民二世の、植民地朝鮮に生まれた原罪に焦点を当てた作品も生み出されるようになる。そこで森崎は、「異族」との出逢いという観点から、植民地問題やナショナリズムを鋭く問うた。[1]

このように筑豊で生み出された森崎の作品は、一九六〇年代後半から七〇年代にかけて、大学闘争、ベトナム反戦運動、公害反対運動、沖縄返還運動、三里塚闘争といった運動に関わる多くの若者に共感をもって読まれたようである。たとえば、社会学者の上野千鶴子は『〈おんな〉の思想』(二〇一三年)で、森崎の初期の作品、特に『第三の性――はるかなるエロス』について、次のように書く。「何かが言いたい、でもそれはこのことばでは言い表せない、そのもどかしさが、彼女のつまずくような文体にはあふれていた。そしてその状況は、同時代を「男性同志」たちのもとで生きた学生運動のなかの女性たち――わたしもそのひとりだった――と、どんなに似かよっていただろうか」。[2]

また、作品を読んだ若者が中間に住む森崎を訪ねることもしばしばであったという[3]。森崎の文章は、文字通り多くの若者を引きつけたのである。

一九七九年に筑豊から宗像へと居を移した森崎は、日本列島を歩き、そして韓国の人びととの交流を深めながら、さらに多くの作品を生み出した。一九九〇年代以降の単著のタイトルに「いのち」という言葉がしばしば用いられるようになったことからもうかがえるように、生命や環境をテーマにした作品が目立つようになる。

二〇〇〇年代後半以降には、森崎のこれまでの作品をまとめ、再評価する動きがみられるようになった。二〇〇八年から二〇〇九年にかけて、これまで発表されてきた森崎の文章を新たに編集し、彼女の精神の歩みをたどる『森崎和江コレクション 精神史の旅』全五巻が刊行された。続いて、中島岳志との対談を通じてこれまでの作品と半生をふり返る『日本断層論』[4]、未公刊作品を含むエッセイと詩、全著作のブックガイドが掲載された『いのちの自然』[5]、森崎によって発表された詩のすべてを収録した『森崎和江詩集』[6]が出版された。一方、森崎の個々の作品の復刊も進んでいる。『からゆきさん』[7]、『第三の性』[8]、『まっくら』[9]、『闘いとエロス』[10]『非所有の所有』[11]、そしてここで取り上げる『慶州は母の呼び声』[12]といった森崎の主要な作品が、二〇一六年から立て続けに復刊されている。こうして、森崎と同時代を生きた読者に加え、筑豊における森崎の思想的格闘を直接的には知らない次世代の読者にも、森崎の作品が開かれることになった[13]。

これらの動きと連動するように、森崎に関する研究も二〇〇〇年代以降、盛んになる。

森崎の思想に焦点を当てた本格的な研究書として、二〇一三年に刊行された水溜真由美『「サークル村」と森崎和江――交流と連帯のヴィジョン』が挙げられる。[14] また、森崎和江のテキストに文学研究からアプローチするものとして、佐藤泉や茶園梨加の研究がある。[15] 森崎のテキストを直接扱った研究ではないが、「からゆきさん」をめぐる言説と政策の変遷を検討した嶽本新奈の研究は、森崎の『からゆきさん』を読み直す試みとも読める。[16]

雑誌の特集でも、森崎が取り上げられてきた。『精神史の旅』出版と関連して、『環――歴史・環境・文明』では、二〇〇九年に刊行された第三十八号で「『森崎和江』を読む」、二〇一〇年に刊行された第四十三号で「いま、なぜ森崎和江か」という小特集が組まれている。二〇一六年の『脈』第九十一号では「森崎和江の歩み」という特集が、二〇一八年の『現代詩手帖』第六十一巻第九号では「森崎和江の詩と思想」という特集が組まれている。二〇二二年六月の森崎の死去を受け、同年『現代思想』で特集が組まれた。この特集では「サークル村」、フェミニズム／ウーマンリブ、ポストコロニアリズム、「聞き書き」といったさまざまな観点から、思想家としての森崎に改めて焦点が当てられた。[17]

二、韓国語版『慶州は母の呼び声』翻訳と出版について

『慶州は母の呼び声』は、森崎和江が日本による植民地支配下の朝鮮半島に生まれ育った過程を、敗戦後に収集した史料とつき合わせながら描いた作品である。

一九五〇年代後半から本格的に文筆活動に入った森崎であったが、植民地で生まれ育った体験そのものを作品として描くには長い年月を要した。先の『精神史の旅』最終巻（二〇〇九年）のあとがきで、みずからの作品群を「植民二世の原罪意識の歪みを、訂正したくて苦悩しつつ生きたわが足跡」(18)と表現するように、敗戦後の苦悩、筑豊での格闘について書かれた初期の作品の底流にも、植民地朝鮮を生きた体験から近代日本を批判的に問い直す姿勢がみられる。だが、それは自身が問いを発する立ち位置であって、体験そのものは断片的に描かれるにすぎなかった。森崎は、一九九一年に『慶州は母の呼び声』がちくま文庫から刊行された際、次のように述べている。「私は帰国して以来、それまでの自分ではない新しい自分を生みたいと努めた。そして、それまでの私については、誰にも語らずに来た。生活を共にする者にも。それは話そうにも話すべき共通の場がないほど、特殊な体験であったともいえる」(19)

このように、語ることすら難しかった体験ではあったが、一九六八年の韓国訪問を契機として少しずつ作品化されていく。森崎は「植民地体験を記すのはつらいことだったが、歴史の一回性が心を刺し、のちの世の証言にでもと思うようになったので、つとめ

て身辺の資料だけを、それも当時に限定して読み返して書いた」[20]と『慶州は母の呼び声』執筆の動機について述べている。内地留学のために朝鮮から日本に渡って、およそ四十年が経過していた。

『慶州は母の呼び声』における朝鮮の描写は鮮やかで、細部にわたって丁寧に記述されている。森崎和江は「私の原型は朝鮮によってつくられた」[21]と書く。朝鮮の描写は、背景などではなく、作品の柱である。序章でも述べたように、森崎が生まれた旧三笠町（現在の三徳洞）でフィールドワークをしていたこともあり、筆者には森崎が描いた大邱についての土地勘があった。もちろん、都市そのものは様変わりしているが、森崎が暮らしていた家はあの辺りだろう、森崎が通っていた小学校はここだ、といったふうにこの作品を読んだ。日本人住宅街、繁華街、バス通り……。作品に描かれているのは幼い少女の記憶の中の幻の都市ではなく、まぎれもなく大邱《たいきゅう》であった。

このような読み方をしていたのには理由があった。それは、本書の中心的なテーマである敵産家屋の存在が頭を離れなかったからだ。三年ほど韓国へ行けない日々が続き、焦燥に駆られながら、大邱に暮らした日本人植民者が書いた史料を読んだり、当時の写真、絵葉書を集めたりして、敵産家屋が建てられた植民地時代の大邱を思い浮かべようとしていた。『慶州は母の呼び声』を読んだのは、まさにこの時期だった。

その後、第三章で取り上げた、人びとからの聞き取りに基づき大邱の近代史を発掘する市民運動の存在を知った。この運動の中心となっていたのは、クォン・サングという当時三十代の男性であった。植民地時代を含めて大邱の近代史を再構成しようとする姿勢が印象的だった。国家の歴史に規定されつつも、それだけではけっして語りつくせない郷土史を生み出す試みのようだった。彼が大邱に残された植民地支配の痕跡を案内してくれた。その道すがら、植民地時代の史料がなくて困っていると言っていたので、ごく自然な流れで『慶州は母の呼び声』を紹介した。そして日本に帰国した後、筆者は森崎和江に手紙を出し、大邱のこの市民運動について伝えた。自分でも恥ずかしくなるほどご単純なのだが、クォン・サングに「森崎さんへよろしく伝えておいて」と言われたからだ。森崎からは温かな手紙が返ってきた。

その後も大邱に足を運び、そこで出会った人びとと交流を続けていくうちに、『慶州は母の呼び声』を韓国語に翻訳し、出版する話が、大邱の友人との間で持ち上がった。クォン・サングに『慶州は母の呼び声』を紹介してから五年ほどが経った、二〇一三年の秋のことであった。当初、森崎和江から韓国語への翻訳や出版の承諾が得られる自信はなかった。後述するように、この作品は敗戦後に生まれた日本の若者に向けて書かれたものであって、韓国の読者を想定していない。だが、筆者が恐るおそる話を切り出したところ、森崎は拍子抜けするほどあっさりと翻訳出版を承諾した。むしろ不躾な申し出を大変喜んでくれた。

翻訳は大邱在住の朴承柱《パク・スンジュ》と共同でおこなうこととなった。彼女は日本近代文学の研究者で、「大邱を読む集い（대구읽기모임）」という研究会のメンバーである。この研究会は

日本研究者や文化人類学者、市民運動に携わる郷土史家によって構成され、大邱の近代史に関するテキストを輪読したり、それぞれの研究成果を発表したりしていた。大邱を訪問した折に筆者も研究会に参加し、朴承柱と面識を得た。翻訳作業は朴承柱が翻訳した原稿を筆者が原著と突き合わせて読みコメントをして、それを参照しつつ朴承柱が推敲するかたちで進めた。大邱と日本とで離れて暮らす翻訳者たちが一緒に作業をする機会は多くなかったが、筆者が大邱を訪れる際はいつも朴承柱の自宅に泊まり込み、一日中彼女の仕事について回って、隙を見ては原稿の確認をした。彼女が仕事を終えた後も夜な夜な原稿を読み合わせた。

数多い森崎作品のなかでも『慶州は母の呼び声』は比較的読みやすい作品である。しかし、敗戦後に生まれた日本の読者に向けて書かれたこの作品をいざ韓国語に翻訳しようとすると、さまざまな問題が生じた。最初に直面したのは地名の訳出の問題であった。植民地だった朝鮮で、大邱は「たいきゅう」と呼ばれていた。朝鮮語の地名の漢字を日本語読みしていたのである。また、個々の地区には三笠町や大鳳町といった日本風の地名が付けられた。地名を日本語読みする、あるいは日本風の地名を付けるといった行為自体が日本による植民地支配のありようをよく示している。これらの地名の漢字を韓国語読みで訳出すると、日本による植民地支配の暴力を素通りすることになる。しかし、日本語読みの地名は韓国の読者にとっては読みづらく、ピンと来ない。最終的に、現在の韓国と重ねて読んでもらいたいという思いが勝ち、地名は韓国語読みで訳出することにした。

次に問題になったのは、作中にカタカナで表現されたハングル文字と、その説明である。この作品が日本で刊行された一九八四年当時、軍事独裁政権下にあった韓国は、読者として想定された若い世代にとって、あまりなじみのない国だったのではないか。森崎は朝鮮の風物や風習について、ハングル文字をカタカナで表記して紹介し、丁寧な説明を加えている。内地人と朝鮮人との朝鮮語の会話もカタカナで書き、その後に日本語で会話の内容を記すといった具合である。しかし、このような箇所をそのまま韓国語に翻訳すると、内容が重複してしまう。森崎自身は植民地朝鮮に暮らしていた当時から朝鮮語を自由に操れたわけではなく、敗戦後の九州でハングル文字を学んでいる。作品中にカタカナで表記されたハングル文字も、当時の記憶と九州で改めて学んだハングル文字をつき合わせつつ書いていたのかもしれない。ハングル文字を通じて朝鮮での暮らしを伝えようとする森崎の心を汲みつつも、韓国の読者に作品全体を理解してもらうことを優先し、文章の流れに沿って適宜省略することとした。

このような方針を立ててもなお問題として残ったのは、「オモニ」という言葉であった。オモニとは母を意味する朝鮮語で、植民地朝鮮に暮らしていた森崎が日常的に使っていた数少ない朝鮮語の一つである。森崎は朝鮮の山河や朝鮮で出会った人びとに対する自身の複雑な思い——感謝、恋しさ、懐かしさ、申し訳なさ、そして罪の意識——を込めるかのごとく、オモニという言葉を使っている。

それでいいのか、私は。そんなことで逃げを打とうとするのか、十七年間もあそこを食って。オモニ！　といううめきが腸から裂け出る。ごめんなさい、などではないのである。(22)

今は地球上から消え果てましたが、なお、子々孫々にわたって否定すべき植民地主義と、そこでのわたしの日々を、この書物にまとめました。書くまでにかなりの月日を必要としました。書こうと心にきめたのは、ただただ、鬼の子ともいうべき日本人の子らを、人の子ゆえに否定せずに守ってくれたオモニへの、言葉にならぬ想いによります。(23)

このような表現に用いられた「オモニ」という言葉は、森崎がカタカナで書いたハングル文字として韓国語に訳出しなければならない。そこで韓国語版では、本来のつづり（어머니）ではなく、日本語なまりの発音をハングル文字で表記して（오모니）、差異化することとした。

関連して韓国語版には、植民地時代の地図、写真、絵葉書が百枚前後付されている点にも言及しておきたい。これまで日本で『慶州は母の呼び声』は、一九八四年に新潮社から、一九九一年にちくま文庫から、二〇〇六年に洋泉社MC新書から刊行されてきたが、いずれの版も一九三〇年代の朝鮮半島の地図が一枚付されているだけである。これに比べると、韓国語版の図表の多さは際立っている。植民地時代の史料を挿入して森崎の作品を出版した点については賛否両論があった。

史料を挿入した一つ目の理由は、植民地朝鮮の日常を具体的に想像することが難しいであろう韓国の若い世代の読者にとって、具体的なイメージをもって読みすすめる一助になるのではないかと考えたからである。後述するように、植民地支配を直接経験した世代は、解放後も森崎の作品を日本語で読んでいたようである。そう考えると、これまでの読者は植民地支配を直接経験した世代、あるいは日本語習得者に限られていたのだが、今回の翻訳出版では、植民地朝鮮や日本についての知識の有無を問わずに読めるよう、視覚的な史料を活用することとした。二つ目の理由は、この翻訳出版が大邱の近代史を発掘する市民運動をきっかけとしていたからである。市民運動を通じて収集された史料を作品に折り込むことは、あまり不自然ではないように思われた。出版に際しては、日韓の多くの方々が快く史料を提供してくれた。

こうして、二〇二〇年十一月に、朴承柱＋松井理恵訳『慶州は母が呼ぶ声――植民地朝鮮で成長したある日本人の手記』をクルハンアリから出版した[24]。森崎和江が韓国語の翻訳と出版を快諾してから、ちょうど七年後のことであった。

三、韓国の読者からの反響

韓国語版の反響について紹介する前に、一九八四年に刊行された原著『慶州は母の呼び声』の反響について、森崎和江自身が記した文章があるので、ここに示しておきたい。

ところで、この特殊な少女物語をお読みくださった方から、びっくりするほど多くの手紙をいただいた。私の本は、著者がおたおたするほど熱心に深く読んでくださる少数の方の目にふれるにすぎないが、この本は少し様子がちがっていた。手紙には、在日朝鮮人・韓国人の手紙もまじっていた。日本人の読者の年齢もうんと幅が広いのだった。

そして両者の反応は、たいへん異なっていた。一口にいえば、日本人読者は情緒的史観で語り、在日朝鮮人・韓国人は静かで理性的に語りかけてくださった。遠くアメリカ在住の韓国人の方からも、お便りをいただいた。(25)

(森崎和江「はじめに」『慶州は母の呼び声』ちくま文庫、一九九一年)

この文章から、『慶州は母の呼び声』は「森崎和江の作品」として読まれるというより、植民地支配下の朝鮮半島に生まれ育ったある日本人少女の物語として、多くの読者を得たことがうかがえる。興味深いのは、原著が日本人読者に向けて書かれているにもかかわらず、在日朝鮮人・韓国人にも読まれていたこと、さらには日本人読者と在日朝鮮人・韓国人読者に反応の違いがあることである。一九八〇年代中盤から後半にかけて『慶州は母の呼び声』を読んでいた在日朝鮮人・韓国人の多くは、日本による植民地支配を被植民者として実際に経験した世代、あるいはその経験を直接聞いて育ってきた世代だったと思われる。植民地支配の記憶はいまだ生々しいものであっただろう。一方で、冷戦構造のもと、アメリカを中心とする資本主義陣営に属する韓国は、同じ陣営に属する日本と友好的な関係を築かなければならなかった。旧植民者／旧被植民者という関係と、冷戦構造における友邦関係という二つの日韓関係が複雑に絡み合っていたこの時代に、『慶州は母の呼び声』を読んだ韓国人読者は、「静かで理性的に語りかける」ように感想を書き、森崎に送っていたのである。

共訳者である朴承柱や韓国の研究者たちによると、韓国では植民者として朝鮮半島で暮らした在朝日本人に関する研究や書籍が圧倒的に少ないという。「日帝強占期」と呼ばれる植民地時代の暮らしについても韓国側の目線から書かれたものがほとんどで、日本人の目線から書かれた文章を韓国の読者が目にする機会は稀である。したがって『慶州は母の呼び声』は、従来とは異なる視角から植民地時代を捉える点において、韓国の読者にある新鮮さをもって受け取られるのではないか、というのが朴承柱の読みであった。

韓国語版の刊行後、日韓両国で新聞に取り上げられたり、韓国の雑誌等に書評が掲載されたりした。個人的に訳者の一人である朴承柱に感想を伝える読者もいた。意外だったのは、作品の舞台である都市に住んでいた、植民地支配を直接経験した世代やその子世代の人たちが、幼い頃のみずからの記憶と重ねて読んでいたことだった。朴承柱はこの読者の反応を「同じ空間を共有したもの同士の交感」と日本語で表現した。

二〇二一年二月十八日には、小説家、尚虚李泰俊《サンホイテジュン》（一九〇四‐没年不詳）の名を冠した尚虚学会の会員による「植民者と望郷者のあいだ――二十世紀の日本人移住者たちの記憶と記録」と題されたオンライン読書会のテキストの一冊として、『慶州は母の呼び声』が取り上げられた。この読書会で出たコメントを以下にいくつか紹介したい。

「森崎和江のテキストを読み、同じ日本人であっても内地の日本人と朝鮮半島の日本人では異なる世界を生きていて、また同じ朝鮮半島に住んでいても朝鮮人と日本人では異なる世界を生きていたのが印象的であった」

「森崎が暮らしていたのは地方都市であったが、内地人の暮らしも京城と地方都市では異なっていたのではないか」

「日本人植民者の女の子を朝鮮人の男の子がからかう場面が印象に残っている。このようなかかわりがあったということは、想像できなかった」

「作品中、森崎家に住み込みでお手伝いとして働く朝鮮人の娘、ネエヤとの思い出が描かれているが、朝鮮人に育てられたり、お世話をしてもらったりといった記憶は植民一世には存在しない、植民二世だからこその記憶であり、注目すべきものではないか」
「植民地朝鮮で生まれ育った森崎にとって、朝鮮語は聞く言語だったのではないか。敗戦後の九州で森崎は朝鮮語の読み書きを習うが、生得的ではなく、森崎が選択した言語としての朝鮮語に注目したい」

おそらく原著と翻訳を併読していた参加者もいたのではないか。読書会の参加者がテキストを丁寧に読んでくれたことがコメントの端々から伝わってきた。

ただ、読書会も終盤に差しかかる頃、参加者の一人からある問題提起があった。『慶州は母の呼び声』は韓国語で翻訳され、出版された。しかし、問題はここからなのではないか。この出版の先に何が見えてくるだろうか、という問いかけだった。以前、森崎和江から「植民地生まれの戦前戦後の苦悩と朝鮮への愛惜の念を受け止めてほしい」(26)という言葉をもらったことがある。先の問いかけは、この苦悩と朝鮮への愛惜の念を受け止めたうえで、では、解放後を生きる韓国の私たちはどうすればよいのか、敗戦後を生きる日本のあなたはどう考えるのか、という問いかけだったのかもしれない。

続いて、韓国語に翻訳された『慶州は母の呼び声』が、世代を超え、言語の壁を越えて読まれることについてふまえたうえで、この問いかけに応答してみたい。

四、植民二世の生とインターセクショナリティ

『慶州は母の呼び声』において指摘しなければならないのは、森崎が植民地主義をあくまでも自分や自分の家族の問題として捉えたことである。アメリカ文学者で文化理論を研究する新田啓子は、「この『生』から問う——ラディカリズムとしての交差性」(二〇二二年)という文章で、支配/従属の姿をもって帝国主義のもたらした歴史を解明するポストコロニアル理論と比べて、交差性には主観的・当事者的な目線が備わっていると指摘する。そして、交差性が一人の人間の「生」の問題として現れることについて、「ポストコロニアリズムの物語では、我々は歴史的な宿命や、大きな悲劇を見るかもしれない。しかし、自己存在の交差性が惹き起こす結果については、自分の人生の問題であり、構造や歴史のせいでは済みません」[27]と述べた。

敗戦後もなお、植民二世として生きた森崎和江は、自己存在の交差性が惹き起こした結果を人生の問題として引き受けてきたといえる。そこで、交差性を手がかりに『慶州は母の呼び声』を読み解き、先の問いかけへの応答を模索したい。

交差性は、インターセクショナリティ(intersectionality)とも呼ばれ、「人々の経験がひとつの側面ではなく、人種やジェンダー、階級といった複数の相互作用しあう要素によって形作られており、そうした交差の結果として複雑な社会的抑圧が起こっている様相を意味する語」[28]である。一九八〇年代後半から一九九〇年代前半にブラックフェミニ

ズムのなかから生まれた言葉であるが、日本社会にも浸透しつつある概念である。(29)

現代思想を研究する藤高和輝は、ブラックフェミニズム理論、ポストコロニアル・フェミニズム理論、クィア理論、そしてトランスフェミニズムをめぐる議論を組上に、インターセクショナル・フェミニズムの理論とその系譜を考察した。(30) 藤高によると、インターセクショナリティは「女性」を単一のカテゴリーとみなすことによって、人種やジェンダー、階級などの差異を抹消し、差別や抑圧の問題を「性差」に還元する「白人中産階級の異性愛女性」を中心とするフェミニズム運動に対する異議申し立てに端を発する。すなわち、有色人種の女性、第三世界の女性、セクシュアル・マイノリティたちなどが直面する社会的抑圧は既存のフェミニズムでは捉えられない、という当事者の問題意識から生まれた概念といえる。(31) インターセクショナリティをめぐる議論は、ある人間に対して社会的抑圧を引き起こす原因を要素ごとに切り離して考えるのではなく、それらが交差するポイントにこそ社会的抑圧が存在することを理論化した。

このように、インターセクショナリティはフェミニズム運動において主張されてきた内部の差異から生まれたが、それは運動内部の分断を企図するものではない。そうではなく、異なる質の社会的抑圧を生きるフェミニストたちの連帯がこの概念には込められている。

藤高和輝は、さまざまな社会的抑圧を生きるさまざまな当事者から生まれたインターセクショナリティという概念に、分断ではなく連帯の可能性を見出すが、その際、シスジェンダー[32]のレズビアンであり、有色人種の女性としてトランスフェミニズムに応答するサラ・アーメッドの「ハンマーの共鳴性」（二〇一六年）という論考に手がかりを求めている。[33]アーメッドは、規範や制度による暴力を「ハンマー」と表現する。[34]私たちの存在にハンマーが振り落とされる経験は、同時に私たちの存在を削っていくものの表面を削りとっていく道具、つまりハンマーを与えられる経験でもある。この点において、ハンマーは相互的なものであり、さらに共鳴性（affinity）――自分が直接経験せずにすんだハンマーに触れる機会を与える――として考えられるという。

なぜ、このハンマーが共鳴性につながるのか。アーメッドはインターセクショナリティを次のように説明する。

> 私たちがある契機においては行く手を阻まれることを経験しながら別の契機には通り過ぎることができるのはいかにしてなのかということに関わるものなのであり、この通過と阻害の如何は私たちを受け入れる人と私たちを通して受け入れられるものとに依存している。[35]
>
> （サラ・アーメッド「ハンマーの共鳴性」藤高和輝訳、二〇二二年）

ここでアーメッドは通り過ぎることができることを「特権」と表現するのだが、「特権とは、私たちが姿を現す《ターン・アップ》ときに何も起こらないことでありうる」[36]。阻害には容易に気づけるが、通過できていることに気づくのは難しい。阻害され、通過できない他者の存在に触れてはじめて、自分が通過できること、すなわち特権をもつことに気づくのである。そして、ハンマーは共鳴性につながり、インターセクショナリティは連帯に向けた足がかりとなるのだが、筆者がここで注目したいのは、特権が事後的に感知される点である。

五、事後的な特権の発見

『慶州は母の呼び声』には、幼い森崎和江が成長していく様子が描かれている。「戦後に幾度か大邱に参りましたけど、三徳洞も新川も私にとっては、生誕した医院と、そして小学校入学後の数年ばかりが鮮やかなの。そして新川はかなり遠方に流れている大きな大きな河でした。つまりこちらが小さな子として初めて眺めた川でしたのね」[37]という森崎の言葉をふまえて改めて読むと、当時の記憶が再構成されて作品の軸となっていることがうかがえる。

一方、この作品には当時の森崎が気づかなかったこと、心に引っかかっていたことが、史料等を用いながら言語化されている。森崎による事後的な特権の発見、つまり植民地朝鮮の言語化によって、森崎の成長とともに植民地朝鮮が立ち現れていく過程が作品として結実するのである。次に示すのは小学校入学前、幼い頃について書かれた箇所からの引用である。

わたしは遥かな昔から、この世は日本人と朝鮮人とがまじりあって住んでいたのだと思っていた。〔……〕自分が暮らしている大地が、ほんとうは朝鮮人のもので、血を流しているのだとは考えもしなかった。(38)

家庭の中だけで守られるように暮らしてきた幼い森崎が、内地人の子どもたちが通う小学校に入学して外の世界へと出ていくようになる。成長するにつれ、自分が生きる世界の理不尽さが徐々に見えてくる。

森崎は下校途中にふと近所の製糸工場の見学を思いつく。そして、そこで汚れた白いチョゴリを着て働く朝鮮人の少女に出会う。

わたしたちはばらばらと走った。守衛さんに話し、事務所で話し、係のおじさんに案内されて工場へ行った。が、工場へ一足入って、わたしは後悔した。女の子と目が合ったのだ。くるくると廻る機械の前に腰掛けて手を動かしながら、ちらとわたしを見たその子は、わたしより幼く見えた。その目はかなしげだった。

〔……〕

製糸会社の門を出て、友だちに別れて自宅へ向かった。整理のつかぬ感情が粘っこく澱んだ。工場で働く女たちはみな朝鮮人だった。[39]

さらに成長すると、朝鮮で暮らす日本人の日常的な生活そのものが、朝鮮人を差別し、抑圧する植民地の社会構造に立脚しているのだと気づく。

わたしは小学校の高学年になるに従って、日本人の朝鮮人蔑視の強烈さを知るようになった。ことに、自由放任と書いてくれた家庭のしつけを読んだ受持ちの女教師によって、そのことを知らされた。「ヨボ学校の先生の子だからね！」なるほど世の中はこうなのかと知ったようなものだったが、わたしは父母の生き方が好きだったから、ヨボと言う人は心が汚れているのだと思っていた。[40]

「ヨボ」という言葉は、朝鮮人に対する蔑称であり、「ヨボ学校の先生」とは森崎の父、庫次を指す。この女教師は、朝鮮人の少年たちが通う大邱公立高等普通学校の教員であった庫次を差別的に「ヨボ学校の先生」と呼んだ。森崎はこうして、日常生活に潜む朝鮮人差別を知ったのである。

自分よりも幼い朝鮮人の女の子が製糸工場で働いていることも知らず、小学生だった森崎和江はごく当たり前のこととして小学校に通い学んでいた。「ヨボ」という蔑称も、内地人の森崎に直接投げつけられることはなかったはずだ。幼い森崎は、朝鮮の人びとが行く手を阻まれ、通過できない状況にあるのに対し、みずからは行く手を阻まれることなく通過できていることには気づかない状況にあった。だが、製糸工場で朝鮮人の女の子が働く様子を見たり、女教師の言葉から朝鮮の人びとが日常的に「ヨボ」という蔑称で呼ばれていることを知ったりすると、植民地支配を受ける朝鮮の人びとの存在に気づいていく。さらには、植民地支配を支える社会の構造にも気づいていく。先述のサラ・アーメッドは「私たちの存在が問題《クエッション》になるとき、私たちは世界を問《クエッション》うようになるのだ」[41]と指摘しているが、これらの気づきは森崎において、みずからの存在自体が問題であるということに収斂し、植民地支配を問う方向へと進んでいくのである。

六、出逢いそこねた物語を読む

さて、『慶州は母の呼び声』を韓国語に翻訳し、出版して、韓国の人びととテキストを共有した先に何があるのか、という先の問いかけに答えるためには、森崎が事後的にしかみずからの特権を見出せなかった点に注目する必要がある。この作品は穏やかな語り口で植民二世として生きた自分を客観的に分析しながら、みずからの特権を事後的に見出していく執筆当時の森崎が生み出した物語であって、植民地朝鮮に暮らした少女時代の森崎の到達点ではない。植民地朝鮮で成長していった森崎は、特権に気づけなかったのである。

次に挙げる朝鮮人の級友の創氏改名に関するエピソードは、植民地支配／被支配関係に加えて、日本のイエ制度もかかわっているため、複雑な様相を示す。長くなるが、引用する。

その〔朝鮮人の〕クラスメートも、創氏改名をした。わたしたちは、それ以前から彼女の出身がさしさわりになるような感情はまるで持っていなかったので、陽射しによって水流の温度がかわるような自然な感じで、彼女の改姓に接した。それはわたしの民族意識の欠落の故にちがいないが、それに加えて、わたしが女であったことが大きく影響しているように思う。

日本の女にとって、姓名は不変のものではない。それは衣服のように、時と場合によって脱ぎ着する仮の呼称であった。不変の自称は心にあるばかりといっていいほどの、姓名意識が、その婚姻制度とともに身についていたから、彼女の創氏改名を、みずから選んだ氏名として、いい姓だね、すてきねえ、とわたしたちはとりかこんで讃えうらやましがったのだ。ほんとうに優雅な姓名であったから。京都ふうな……。

その頃わたしは朝鮮人の姓名が、家に付くものではなく、個人に付いていて、女といえども結婚によって姓名がかわることなどないのだ、ということを知らなかった。〔……〕が、ともあれ、そのように姓名は、民族としても、また個人にとっても不変のものであったのだ。それが閣議の決定によって改姓を強行させられた。もちろん朝鮮人の意見など全く問われることなく。(42)

そもそも特権的な位置にいたため、みずからの姓名を失う朝鮮人の級友の痛みに気づかないのに加え、不変の呼称を生きられない日本の女であるがゆえに、森崎たちは級友の創氏改名を肯定的なものとして捉えてしまう。森崎たちは日本のイエ制度から抑圧を受ける立場から創氏改名した級友に共感を寄せるのだが、それは植民地における支配／非支配関係を覆い隠すものでもあったのだ。朝鮮人の級友に打ち下ろされた創氏改名の「ハンマー」は、そして彼女の痛みは、森崎には気づかれないままである。

植民地朝鮮でみずからを包み込む環境を心から愛し、そして育まれた体験について、森崎和江は「そのことの罪深さは、その後の私を苦しめた。当然のことで、私は当然さを生きたにすぎない」(43)とふり返る。

植民地朝鮮での暮らしは、森崎に確固たる当然さをもって受け入れられていた。森崎は、阻害されて通過できない朝鮮の人びとの存在、さらにはみずからの特権をうすうす感じ取ってもいた。だが、当時の日本社会、そして日本による朝鮮半島の植民地支配という時代状況に強く規定されていたために、そこから世界を問うことはできなかったのである。

改めて、インターセクショナリティという言葉がブラックフェミニズムから生まれ、今日、同時代を生きるフェミニストたちの連帯に向けた足がかりになる概念と位置づけられている点は重要である。シスジェンダーのレズビアン、そしてウィメン・オブ・カラーとして、トランスフェミニズムへの関係を探求するサラ・アーメッドは、次のようにインターセクショナリティに基づく連帯の様相を描く。

〔私たちがどこかに存在することを妨げる物理的、社会的な障壁を〕削りとっていく作業のなかで、私たちに通り過ぎることを可能にしていたものによって行く手を阻まれている人たちに、私たちは触れる。私たちは互いに出くわす。私たちはお互いが行っている作業《ワーク》を目撃する。私たちはその作業《ワーク》を通して互いを認め合う。そして、私たちはお互いの力を結びつけるときに武器を手にとる。私たちは声を上げる。私たちは立ち上がる。(44)

（サラ・アーメッド「ハンマーの共鳴性」藤高和輝訳、二〇二二年）

ハンマーを振り落とされないというみずからの特権は、ハンマーを振り落とされている他者に触れることによって事後的に見出される。けれども、ここにはあくまでも同時代に生きるフェミニストたちの連帯が賭けられている。この観点から捉えなおすと、森崎和江は朝鮮に身をおきつつも、朝鮮の人びとと出逢いそこねていたといえる。(45) ただし、「出逢わなかった」と「出逢いそこねた」の違いは大きい。「出逢わなかった」には他者が存在しないが、「出逢いそこねた」にはそれを気づかせてくれた他者が存在する。[46]そして、出逢いそこねた物語は他者と出逢うための糸口となる。

七、植民地朝鮮の大邱を読み継ぐ

『慶州は母の呼び声』の余章の最後には、森崎の父が初代校長を務めた慶州中学校の第一回卒業生である韓国人男性が語ったエピソードが記されている。

「和江さん、わたしらは会わなければならない間柄でしたよ」

彼は言った。

「わたしら民族にことわざがありますよ。仔牛が河向こうに渡った、というのです。すっかり消してしまうことを言います。

和江さん、あなたとわたしらとは、共通の仔牛を持っていますよ。それを河向こうに渡らせるには、あなたの力がわたしにいります。力を貸し合いたい、借り合いたい。それが明日はもう駄目になってもいいのです。またわたしらの後の誰かが、きっとそう言いますよ」[47]

植民地朝鮮において、朝鮮人のこの男性と内地人だった十代の森崎和江は顔見知りであったが、このような会話は交わせなかった。敗戦から二十三年後の一九六八年になって、ようやく交わせた会話である。日本による朝鮮半島の植民地支配という時代状況に規定され、朝鮮の人びとと出逢いそこねた森崎和江が、その回顧録の最後に書いたこのエピソードからは、彼女が次世代、さらにその次の世代を見据えていることがわかる。森崎が大邱《たいきゅう》に生まれてからおよそ半世紀後に生まれた筆者は、次世代か、その次の世代か。いずれにせよ、森崎から河につかっている仔牛を託された一人なのかもしれない。

筆者は、韓国の友人と一緒に、出逢いそこねた森崎の物語から私たちが出逢うためのヒントを得たい。それは、異なる立場から、しかし世界をともに問うてゆくための土台として、この作品を読むことに通ずるのではないか。これが『慶州は母の呼び声』韓国語翻訳、出版に対する問いかけへの筆者なりの応答である。(48)

註

序章

（1）森崎和江『慶州は母の呼び声――我が原郷』新潮社、一九八四年、一〇頁。
（2）初等学校は日本の小学校に該当する。
（3）現地調査では、植民地支配下の朝鮮半島に日本の伝統的な建築方法で建てられた家屋が「日式家屋(일식가옥)」や「日本の家(일본 집)」と呼ばれていた。また、後述するように、植民地時代の建築物には、時代状況を反映するようにさまざまな文化が混じり合っている。したがって本書では、韓国語のニュアンスをふまえつつ、日本に建てられた家屋との違いを示すため、「日本家屋」ではなく「日本式家屋」という用語を採用した。
（4）三徳洞のまちづくりについては、以下の拙稿を参照のこと。松井理恵「環境運動における戦略的パターナリズムの可能性――韓国大邱市三徳洞のマウルづくりを事例として」、『環境社会学研究』第十一号、二〇〇五年、一八八－二〇一頁。
（5）大邱広域市中区庁公式ブログ「大邱中区子ども図書館三徳マル」二〇一九年。
https://blog.naver.com/dgjunggu/221633251569(二〇二四年二月八日取得)
（6）韓国の伝統的な住宅の配置と日式住宅の配置との違いについては、都市住居研究会『異文化の葛藤と同化――韓国における「日式住宅」』(建築資料研究社、一九九六年) の説明を参照した。

（7）金源一『深い中庭のある家』吉川凪訳、CUON、二〇二二年、二五-二六頁。
（8）チョン・ユジン「文化的実践を通じたローカリティの再構成――大邱「達城」の場所性再現をめぐるローカルの文化地形」（韓国語）、慶北大学校大学院考古人類学科人類学専攻二〇一九年度博士論文、二〇一九年。
（9）都市住居研究会、前掲書。
（10）都市住居研究会、前掲書。
（11）都市住居研究会、前掲書。
（12）大韓民国文化財庁の国家文化遺産ポータルWebページで確認したところ、二〇一三年十二月二十日に国家登録文化財に指定されたことがわかった。なお、筆者は文化財に登録された直後である二〇一四年三月に三徳洞を訪れ、「三徳初等学校の教頭先生の官舎」の写真を撮影している。だが、当時はまだ整備されていなかったため、文化財に登録されたことには気づかなかったのである。
https://www.heritage.go.kr/heri/cul/culSelectDetail.do?s_kdcd=&s_ctcd=22&ccbaKdcd=79&ccbaAsno=05810000&ccbaCtcd=22&ccbaCpno=4412205810000&ccbaLcto=00&culPageNo=28&header=region&pageNo=1_1_3_0&returnUrl=%2Fheri%2Fcul%2FculSelectRegionList.do&assetnamel=（二〇二四年二月八日取得）
（13）片倉佳史『増補版 台北・歴史建築探訪――日本が遺した建築遺産を歩く 一九八五～一九四五』ウェッジ、二〇二三年、渡邉義孝『台湾日式建築紀行』KADOKAWA、二〇二二年。
（14）たとえば、片倉、前掲書、渡邊、前掲書、船尾修『日本人が夢見た満洲という幻影――中国東北部の建築遺構を訪ねて』新日本出版社、二〇二二年など。なお、写真家の船尾は翌二〇二三年、写真集『満洲国の近代建築遺産』を集広舎から出版し、第四十二回土門拳賞を受賞している。
（15）上水流久彦編『大日本帝国期の建築物が語る近代史――過去・現在・未来』勉誠出版、二〇二二年。
（16）ただし、建築士で台湾の日式建築に詳しい渡邊義孝によると、台湾においても二〇〇〇年まで続いた保守的な国民党政権下では「占領者日本の敵性資産」と否定的にみられていたという。渡邊、前掲書、一一頁。
(17) 今和次郎『今和次郎集 第四巻 住居論』ドメス出版、一九七一年、三三八頁。なお、今和次郎の仮住まいの観察については、菊池暁『民俗学入門』(岩波書店、二〇二二年)に学んだ。
(18) 今、前掲書、三四三頁。
(19) 一九九五年八月十五日、すなわち解放後五十年という節目に朝鮮総督府の解体が始まった。
(20) 都市住居研究会、前掲書。
(21) ミンツ、シドニー・W『[聞書]アフリカン・アメリカン文化の誕生――カリブ海域黒人の生きるための闘い』藤本和子編訳、岩波書店、二〇〇〇年。
(22) ミンツ、前掲書、三六頁。
(23) ミンツ、前掲書、一三五頁。
(24) ミンツによる「抵抗」の捉え方は、松田素二のソフトレジスタンスをめぐる議論とも重なる。ケニアのナイロビをフィールドとする松田は生きるために植民地支配を受容したうえで、生きつづける人びとのありようをソフトレジスタンスという概念で捉えようとした。松田素二『抵抗する都市――ナイロビ移民の世界から』岩波書店、一九九九年。
(25) ミンツ、前掲書、一九三頁。
(26) 都市住居研究会、前掲書、一六九頁。
(27) 金成玟『戦後韓国と日本文化――「倭色」禁止から「韓流」まで』岩波書店、二〇一四年。
(28) 「ポスト世代」と呼ぶことで、「戦後」という表現によって消し去られる「帝国後」という側面をも含めた世代を示唆した古賀由起子に倣った。古賀由起子「帝国の遺産――なぜ歴史責任をいまだ問うのか」、『世界』第九六一号、二〇二二年、一七二―一八二頁。
(29) モーリス＝スズキ、テッサ『過去は死なない』田代泰子訳、岩波書店、二〇〇四年、三二―三三頁。
(30) 古賀、前掲論文、一七三頁。
(31) 古賀、前掲論文、一七四頁。

（32）古賀、前掲論文、一七九頁。
（33）朱喜哲『〈公正《フェアネス》〉を乗りこなす』太郎次郎社エディタス、二〇二三年、第十一章。
（34）林志弦『犠牲者意識ナショナリズム——国境を超える「記憶」の戦争』澤田克己訳、東洋経済新報社、二〇二二年、三六五頁。
（35）林、前掲書、七八頁。
（36）林、前掲書、vi頁。
（37）林、前掲書、二〇〇頁。
（38）林志弦は、朝鮮人の捕虜監視員の個々の事情は複雑な問題を提起すると述べたうえで「自らに敵対的な外部世界に乗り込み、どうにか生き抜いた歴史的行為者の具体的な生は、抽象的な理念の物差しでは図れない変化に富んだものだ。覇権的な記憶の領土に閉じこめられることなく、脱領土化された記憶の境界を生きてきた歴史の下位主体である個人の草の根記憶が重要なのもそのためである」（林、前掲書、二一九頁）と指摘する。
（39）林、前掲書、三七二頁。
（40）「生活の立場から」という表現は、鳥越皓之らによる生活環境主義の定義に倣った。本書はある地域コミュニティの事例研究だが、分析および考察は生活環境主義やその理論的支柱である生活論の研究蓄積に多くを負っている。鳥越皓之『環境社会学の理論と実践——生活環境主義の立場から』有斐閣、一九九七年。
（41）三尾裕子編『台湾で日本人を祀る——鬼から神への現代人類学』慶應義塾大学出版会、二〇二二年。
（42）三尾編、前掲書、六頁
（43）西村一之「台湾東部における神のいない『神社』」、上水流久彦編『大日本帝国期の建築物が語る近代史——過去・現在・未来』勉誠出版、二〇二二年、一六八‐一八〇頁。
（44）酒井直樹『日本／映像／米国——共感の共同体と帝国的国民主義』青土社、二〇〇七年、二九四頁。

第一章

（1）「大邱統計」（韓国語）Webページによると、二〇二三年十一月時点の人口は二三七万六〇四四人である。

http://stat.daegu.go.kr/main/main.do　（二〇二四年二月八日取得）

（2）大邱で米軍政に抗議する市民を南朝鮮警察が銃殺したことが発端となって蜂起が広がった。

（3）大邱が「朝鮮のモスクワ」から保守の牙城となっていく経緯については、二〇一七年一月二十七日付ハンギョレ記事「左派都市大邱はいかにして反共と地域主義の尖兵になったか」（日本語）を参照した。なお、韓国語の原文記事は同年一月十一日付である。https://japan.hani.co.kr/arti/politics/26367.html　（二〇二四年二月八日取得）

（4）朝鮮時代の歴史については大邱広域市Webページを参照した。https://www.daegu.go.kr/index.do?menu_id=00000264（二〇二四年二月八日取得）

（5）監営とは、朝鮮王朝時代に監司が職務を執った官庁である。監司は観察使ともいい、地方行政機関である道の長を指す。つまり、慶尚監営とは朝鮮半島の南東部に位置する慶尚道の長が執務を執った官庁である。

（6）日本と朝鮮との間で一八七六年二月二十六日に結ばれた「大日本大朝鮮修好条規」のことで、日本が朝鮮に開国を認めさせた不平等条約である。背景には、朝鮮に対する日本の武力的威圧に加え、条約をめぐる両国の外交戦略の違いがあった。以上、『［新訂増補］朝鮮を知る事典』を参照した。伊藤亜人ほか監修『［新訂増補］朝鮮を知る事典』平凡社、二〇〇〇年。

（7）大邱新聞社『慶北要覧』一九一〇年、四三頁。国立国会図書館デジタルコレクションで確認した。

https://dl.ndl.go.jp/pid/766861/1/33（二〇二三年十月二十四日取得）

（8）李東勲『在朝日本人社会の形成――植民地空間の変容と意識構造』明石書店、二〇一九年。

（9）三輪如鐵『朝鮮大邱一斑』杉本梁江堂、一九一一年、五二頁。国立国会図書館デジタルコレクションから確認した。

https://dl.ndl.go.jp/pid/766879/1/49 （二〇二三年十月二十四日取得）
（10） 大邱新聞社、前掲書、四三頁。
（11） 当時の大邱の人口については、国立国会図書館デジタルコレクションで確認できる一九一〇年年度から一九四二年年度までの『朝鮮総督府統計年報』に掲載された大邱府の人口を参照した（ただし、一九四一年度のみ欠落）。
（12） 三輪、前掲書。
（13） 李、前掲書。
（14） 前掲の『朝鮮総督府統計年報』を参照した。先述したようにデータ自体は一九一〇年度から一九四二年度まで確認できるが、一九一四年と一九三八年の区画改正の影響を受けたと思われる大きな人口の増減がみられるため、ここでは一九一四年から一九三七年までのデータを扱うこととする。
（15） 崔範洵「地域研究と日本学の役割——近代期大邱研究の意味と体系化を中心として」、『韓国日本語文学会第六〇回国際学術大会プロシーディングズ』二〇二三年、三三 - 三九頁。
（16） 崔、前掲論文。
（17） 布野修司＋韓三建＋朴重信＋趙聖民『韓国近代都市景観の形成——日本人移住漁村と鉄道町』京都大学出版会、二〇一〇年。
（18） 布野ほか、前掲書、六頁。
（19） 以降の記述は、大邱における一八七六年から一九一〇年までの日本人の活動と都市が近代化していく過程に関する洪庸碩と初田亨の研究を参照した。洪庸碩＋初田亨「韓国・大邱における一八七六年から一九一〇年までの日本人の活動と都市の近代化」、『日本建築学会計画系論文集』第六一〇号、二〇〇六年、二二九 - 二三六頁。
（20） 三輪、前掲書。
（21） 河井朝雄『大邱物語』朝鮮民報社、一九三一年、一〇七頁（『韓国地理風俗誌叢書五八 大邱物語／大邱府勢一斑』景仁文化社影印、一九九五年）。ただし、旧字、旧仮名は現代表記に改め、ルビを補った。

(22) 河井朝雄、前掲書、一六九頁。
(23) 当時の日本人の立場からみた大邱邑城の城壁撤去と道路建設の過程については「大邱新旧市街の道路」が参考になる。三輪、前掲書、八一-八二頁。
(24) 二〇二一年七月四日付の毎日新聞記事「断崖絶壁に立つ大邱の名物路地……七〇%が消えた」(韓国語)より。https://www.imaeil.com/page/view/2021070412194426578 (二〇二四年二月八日取得)
(25) 一九五〇年代から六〇年代に文化人や芸術家が集まるアジトだったタバンは、一九七〇年代に大衆化した。一九八〇年代になると、コーヒーの出前で使われるようになり、女性の性的な接待とも結びつけられるようになった。
(26) 二〇一二年七月号『月刊朝鮮』記事(韓国語)より。https://monthly.chosun.com/client/news/viw.asp?ctcd=&nNewsNumb=201207100051(二〇二四年二月八日取得)
(27) ここで参考になるのは、埼玉の見沼田んぼとその周辺の空間の地域史を描き出した猪瀬浩平の著書である。猪瀬はごみ処理場の立地から「中心のなかの辺境」という問題を解く第三章において、ある農村が東京一極集中にともなう都市開発によって辺境として開発され、ごみ処理場や斎場が立地する地域となる過程を明らかにした。本書が着目するのは、この過程が土地の記憶、すなわち農地は豊かであり、東京の市場へのアクセスという観点からも有利であったと語る農家の人びとの経験を切り捨てているという猪瀬の指摘である。開発においては切り捨てられる人びとの経験に依拠することによって、開発を相対化し、対抗する手がかりが得られるのではないか。このように考え、以下では北城路の歴史を人びとの語りから再構成する手法を選択した。猪瀬浩平+森田友希(写真)『分解者たち——見沼田んぼのほとりを生きる』生活書院、二〇一九年、第三章。
(28) 時間と空間研究所『手で創る未来——北城路鉄工所』(韓国語)、大邱広域市中区庁、二〇一六年、一五頁。
(29) 時間と空間研究所、前掲書、一九頁。

(30) 時間と空間研究所、前掲書、一七八頁。
(31) 時間と空間研究所、前掲書、一七八 - 一七九頁。
(32) セマウル運動は、一九七〇年代に韓国で始まった政府主導の運動である。「セマウル(새마을)」は韓国語で「新しい村」を意味する。農民の意識の活性化による遊休労働力の動員から出発し、社会資本を充実させ、農村の近代化、農家所得の増大、農業生産力の拡大を図ることがねらいであった。一九七〇年、朴正熙大統領の指示に基づき、「自助・自立・協同」のスローガンのもとに主に農民の自己負担により農閑期の生活環境改善事業が開始された。一九七二年に運動の推進機構が全国的に整備されるとともに、スローガンも「勤勉・自助・協同」と変更され、朴政権の維新体制を支える重要な柱となった。以上、前掲『[新訂増補]朝鮮を知る事典』を参照した。
(33) 時間と空間研究所、前掲書、三五頁。
(34) 時間と空間研究所、前掲書、七五頁。
(35) ハーゲン・クー『韓国の労働者——階級形成における文化と政治』滝沢秀樹+高龍秀訳、御茶の水書房、二〇〇四年、五二頁。韓国の産業部門間の大規模な労働力移動についても同書を参照した。
(36) ハーゲン・クー『特権と不安——グローバル資本主義と韓国中間階層』松井理恵編訳、岩波書店、二〇二三年、四五頁。韓国の自営業者が置かれた苦境に関する以降の記述も同書に基づくものである。
(37) このアンケート調査は、北城路産業工具路地の文化に関する調査のための基礎資料収集を目的として実施された。慶北大学校博物館『北城路産業工具路地の文化と人びと』(韓国語)二〇一一年。
(38) 慶北大学校博物館、前掲書。
(39) ハーゲン・クー、『特権と不安』、四五頁。
(40) 山元貴継「韓国の地方都市における『旧市街地』と『新市街地』——忠清北道・清州市」、阿部和俊編『都市の景観地理 韓国編』古今書院、二〇〇七年、五四 - 六五頁。

（41）以上、一九九二年から二〇二〇年までの中区の人口は「大邱統計」（韓国語）Webページからデータを取得した。http://stat.daegu.go.kr/main/main.do（二〇二二年九月十六日取得）

（42）時間と空間研究所、前掲書、五五頁。

（43）一九九九年十一月八日付の毎日経済新聞記事「大邱北城路工具通り・校洞電子商店街の郊外移転が漂流」（韓国語）より。https://www.mk.co.kr/news/all/2241010（二〇二四年二月八日取得）

（44）二〇一五年三月十一日の聞き取りより。

（45）時間と空間研究所、前掲書、七五頁。

（46）時間と空間研究所、前掲書、九五頁。

（47）時間と空間研究所、前掲書、五九頁。

（48）時間と空間研究所、前掲書、一一九頁。

第二章

（1）日本との比較に基づいた韓国の地域住民組織の調査研究の一つとして、鳥越皓之「韓国の地域自治会―班常会」、『地域自治会の研究――部落会・町内会・自治会の展開過程』ミネルヴァ書房、一九九四年が挙げられる。

（2）伊藤亞人「韓国における任意参加の組織――地方出身者の結社を中心として」、伊藤亞人＋韓敬九編『韓日社会組織の比較』慶應義塾大学出版会、二〇〇二年、二〇六頁。

（3）まとまった額の金銭の融通を目的とした互助組織である。参加者が定期的におこなわれる会合の際に一定の金額を出し合い、集まったお金をくじ引きや入札などによって参加者の一人に配当し、全員が配当を受けるまでこの会合を続ける。

（4）契については『[新訂増補]朝鮮を知る事典』を参照した。

（5）伊藤、前掲論文。

（6）嶋陸奥彦「韓国のムラ――トンネとマウル」、『日本民俗文化大系』月報七、一九八四年、

一一二-一一四頁。嶋陸奥彦「契とムラ社会」、阿部年晴＋伊藤亜人＋荻原真子編『民族文化の世界――社会の統合と動態（下）』小学館、一九九〇年、七六-九二頁。なお、マウルの語源はムラの集会所である。もともと集会所が「マウル（마읃、原著では古ハングルの旧字表記アレア）」「モウル（모읃）」「モル（모르）」と呼ばれていたが、この集会所を中心とするひとつの共同体（村落）までも同じ言葉で呼ばれるようになったと考えられる（李丙燾『國史大觀』（韓国語）普文閣、一九五六年、一八頁）。集会所という人びとを結びつける場所が語源であることを考えると、マウルは社会的ユニットの側面が強いという嶋の指摘もうなずける。

（7）嶋、前掲論文、一九八四年、一四頁。

（8）嶋、前掲論文、一九八四年、一二頁。

（9）嶋、前掲論文、一九八四年、一三頁。なお、嶋はこの泉契について稿を改めて論じている。全羅南道青山洞の四つの「ムラの契」のうち、一定の地域内に転入転出する際に同時に契に加入脱退するという点において、泉契は例外的な契である。この契が共同井戸の管理補修の機能を果たしているという指摘は、水の共同利用と地縁的単位を考えるうえで興味深い。嶋、前掲論文、一九九〇年。

（10）たとえば武田俊輔『コモンズとしての都市祭礼――長浜曳山祭の都市社会学』新曜社、二〇一九年。

（11）井上真「自然資源の共同管理制度としてのコモンズ」井上真・宮内泰介編『コモンズの社会学――森・川・海の資源共同管理を考える』新曜社、二〇〇一年、一一頁。

（12）慶北大学校博物館『北城路産業工具路地の文化と人びと』（韓国語）、二〇一一年。なお、この「ナカマ」のように、北城路では日本語に由来すると思しき言葉が専門用語として使われている。時間と空間研究所『北城路近代技術用語使用説明書　北城路用語辞典』（韓国語）大邱広域市中区庁、二〇一六年。

（13）慶北大学校博物館、前掲書、二三〇頁。

（14）慶北大学校博物館、前掲書、二三〇頁。

（15）一九四〇年生まれ、一九六〇年代に北城路に来た男性は、露天商をしていた当時、揉め事はひとつもなかったし、北城路には場所代のようなものもなく、とにかく周囲と親しくしていたと言う。慶北大学校博物館、前掲書、二二一頁。

(16) 慶北大学校博物館、前掲書、二六七－二六八頁。

(17) 慶北大学校博物館、前掲書、二八九頁。

(18) 慶北大学校博物館、前掲書、八五頁。

(19) 慶北大学校博物館、前掲書、八三－八四頁。

(20) 慶北大学校博物館、前掲書、二六五頁。

(21) 慶北大学校博物館、前掲書、一五一頁。

(22) 慶北大学校博物館、前掲書、八五頁。

(23) 時間と空間研究所『手で創る未来——北城路鉄工所』(韓国語)、大邱広域市中区庁、二〇一六年、五八頁。

(24) 時間と空間研究所、前掲書、九九頁。

(25) 時間と空間研究所、前掲書、一三八頁。

(26) 時間と空間研究所、前掲書、一五九頁。

(27) 時間と空間研究所、前掲書、三九頁。

(28) 時間と空間研究所、前掲書、三七頁。

(29) 時間と空間研究所、前掲書、一九七頁。

(30) 時間と空間研究所、前掲書、一七五頁。

(31) 時間と空間研究所、前掲書、九九頁。

(32) 時間と空間研究所、前掲書、一三八頁。

(33) 時間と空間研究所、前掲書、七五頁。

(34) 時間と空間研究所、前掲書、一九九頁。

(35) 時間と空間研究所、前掲書、一五九頁。

(36) クォン・サングほか『都市アーカイブ——創造的都市再生のための場所の記録と記憶の再構成』(韓国語)国土研究院、二〇一四年。

(37) 慶尚大学校博物館、前掲書、二四二－二四三頁。
(38) 慶尚大学校博物館、前掲書、二四五頁。
(39) 慶尚大学校博物館、前掲書、二一六頁。
(40) 慶尚大学校博物館、前掲書、一四三頁。
(41) 時間と空間研究所、前掲書、四一頁。この場所は日帝強占期、「丸星」という物資運送及び荷役作業会社の倉庫として使われ、解放後も倉庫あるいは町工場として使われてきた。
(42) 時間と空間研究所、前掲書、一八七頁。
(43) 時間と空間研究所、前掲書、一一五頁。
(44) 時間と空間研究所、前掲書、一二四頁。
(45) 時間と空間研究所、前掲書、六四頁。

第三章

(1) 荻野昌弘「負の歴史的遺産の保存——戦争・核・公害の記憶」、片桐新自編『歴史的環境の社会学(シリーズ環境社会学三)』新曜社、二〇〇〇年、二〇一頁。
(2) 日本では高度経済成長のなかで全国的に開発が進められていた一九六〇年代後半から七〇年代にかけて、歴史的な建築物や町並みを開発から守ろうとする地域住民によって町並み保存運動が展開されてきた。一九八二年には、環境問題に取り組んできたジャーナリストの木原啓吉が町並み保存運動を都市政策の観点から捉えた『歴史的環境——保存と再生』を出版している。また、一九九〇年代に学問領域として確立された日本の環境社会学も、「歴史的環境」という用語を使って歴史的な建築物や町並みを保存する地域社会の動きを捉えてきた(片桐新自編『歴史的環境の社会学(シリーズ環境社会学三)』新曜社、二〇〇〇年。森久聡『〈鞆の浦〉の歴史保存とまちづくり——環境と記憶のローカル・ポリティクス』新曜社、二〇一六年。堀川三郎『町並み保存運動の論理と帰結——小樽運河問題の社会学的分析』東京大学出版会、二〇一八年など)。本書ではこうした日本の動きや研究蓄積をふまえて「歴史的環境」という表現を用いている。

(3) 本章のまちかど文化市民連帯に関する記述は、二〇〇七年九月二十日および十月一日から四日にかけておこなった事務局長および実務者からの聞き取りを、次に示すまちかど文化市民連帯のホームページを参照して補足したものである。
http://www.streetcat.or.kr/(二〇〇七年十一月十日取得)

(4) 平木實「解説」李重煥『択里志――近世朝鮮の地理書』平木實訳、平凡社、二〇〇六年、三五四頁。

(5) 平木、前掲論文。

(6) クォン・サングによると、『大邱新擇里志』の内容の七割が当時を知る人びとからの聞き取り、残りの三割が既存の資料によって作成された。

(7) インターネットカフェとは、会員制で運営されるインターネット掲示板のことを指す。当時の韓国では、このような形態のインターネット掲示板が頻繁に利用されていた。なお、「大邱の再発見――大邱新擇里志」のアドレスは以下のとおり。
http://cafe.naver.com/walkingdaegu.cafe(二〇一〇年十月十五日取得)

(8) 第一期ガイド養成研修は二〇〇七年五月から開始され、十五名のボランティアが参加した。二〇〇七年十一月三日には約半年の研修を経て第一期ツアーガイドの修了式がおこなわれた。

(9) 開発途上国の都市化過程を研究し、国際機構に諮問する民間団体の国家開発学会(SID. Society for International Development)が主導し、韓国内の研究者と共同で一九六〇年代後半の大邱を調査した報告書が、一九七一年に *A City in Transition, Urbanization in Taegu, Korea* として出版されている。大邱・慶北地域の研究者が中心となって二〇一二年に設立した大邱慶北学会がこの報告書を韓国語に翻訳し、二〇一三年に『転換の都市、大邱』というタイトルで出版社ヤンソウォンから刊行した。本書に挙げた統計データは、『転換の都市、大邱』(韓国語)を引用した韓国語の雑誌記事(LSネットワーク『ポボダム』第十号、二〇一三年、四〇-四一頁)から再引用したものである。なお、『転換の都市、大邱』の翻訳と出版については、二〇一三年二月十九日付の毎日新聞記事「一九六〇年代後半に刊行された『転換の都市、大邱』翻訳書出版」

(韓国語) を参照した。
https://www.imaeil.com/page/view/2013021910012781909 (二〇二四年二月八日取得)

(10) ハーゲン・クー『韓国の労働者——階級形成における文化と政治』滝沢秀樹＋高龍秀訳、御茶の水書房、二〇〇四年。

(11) ピークであった二〇〇三年の住民登録人口は二五四万四八一一人、調査時の二〇〇七年の住民登録人口は二五一万二六七〇人とピーク時より三万人程度減少していた。以上、一九五九年から二〇二一年までの大邱市の住民登録人口は「大邱統計」(韓国語) Webページからデータを取得した。
http://stat.daegu.go.kr/main/main.do(二〇二二年九月十六日取得)

(12) 一九三〇年前後までの大邱の様子が記された日本人植民者による著作(河井朝雄『大邱物語』朝鮮民報社、一九三一年)は、一九九八年に大邱の郷土史家によって韓国語に翻訳された。

(13) 二〇〇七年九月十九日付の嶺南新聞記事(韓国語)より。

(14) 二〇〇七年一月二六日付の毎日新聞記事「[二十世紀の追憶] ④大邱の日本式家屋」(韓国語)より。 http://www.imaeil.com/page/view/2007012607204277293 (二〇二四年二月八日取得)

(15) チャン・サンギに出会ったのは二〇〇三年、三徳洞におけるフィールドワークの最中であった。フィールドワークをしている筆者が手持ち無沙汰に見えたようで自宅に招待してくれた。チャン・サンギが住む敵産家屋に関する記述は、二〇〇三年八月二十七日、二〇〇四年三月三十一日におこなった聞き取りに基づく。チャン・サンギの自宅を訪問したエピソードについては、次の拙稿を参照のこと。松井理恵「『植民地朝鮮』とわたし——大邱・三徳洞で出会った語りから」、『森崎和江コレクション——精神史の旅』月報一、二〇〇八年、六–一〇頁。

(16) 大邱広域市中区洞行政福祉センター Webページより。 https://www.jung.daegu.kr/new/dong/pages/int/page.html?mc=0982(二〇二四年二月八日取得)

(17) 大邱府編『大邱府勢一斑』一九三六年、一四頁。(『韓国地理風俗誌叢書　五八　大邱物語／大邱府勢一斑』景仁文化社影印、一九九五年)

(18) まちかど文化市民連帯『大邱の再発見　大邱新擇里志』(韓国語)、ブックランド、二〇〇七年、四九六頁。
(19) 前掲、大邱広域市中区洞行政福祉センターWebページより。
(20) なお、チャン・サンギが住むこの敵産家屋は、序章でも言及した敵産家屋研究の嚆矢である学術書に大邱の事例として紹介されている。都市住居研究会『異文化の葛藤と同化——韓国における「日式住宅」』建築資料研究社、一九九六年。
(21) 二〇〇七年三月十二日、チャン・サンギをよく知る三徳洞の市民運動家キム・キョンミンからの聞き取りより。なお、二〇〇七年九月十九日におこなわれた再開発反対の三徳洞住民集会にチャン・サンギも参加していた。
(22) 八十聯隊が駐屯していた場所は、朝鮮戦争後に米軍部隊の駐屯地となった。現在の Camp Henryである。
(23) キム・ジニョクが住む敵産家屋に関する記述は、二〇〇七年十月一日におこなった本人からの聞き取りに基づく。
(24) 日本人植民者が庭に財宝を埋めて引き揚げたといううわさ、そして、そのうわさの真偽を確かめるために実際に庭を掘ってみたというエピソードは、北城路でも聞かれた。慶北大学校博物館『北城路産業工具路地の文化と人びと』(韓国語)、二〇一一年。
(25) まちかど文化市民連帯、前掲書、五〇九頁。
(26) 二〇〇七年十月二日におこなった聞き取りより。
(27) ただし、実施主体が市民運動から行政へと移管されると、本章で論じたガイドツアーの創造性はかなり薄れてしまったようである。人類学者であり、次章で取り上げる市民運動に実務者として携わっていたチョン・ユジンによると、市民運動によって始まった当初はガイドと客が自由に対話しながら路地を歩いていたが、中区庁が主管する公式の観光産業となるとガイドは単なる情報提供者となり、対話が失われていったという。チョン・ユジン「文化的実践を通じたローカリティの再構成——大邱「達城」の場所性再現をめぐるローカルの文化地形」(韓国語)、慶北大学校大学院考古人類学科人類学専攻二〇一九年度博士論文、二〇一九年。
(28) チョン、前掲論文、二〇一九年、二五二頁。

第四章

（1）韓国の都市再生政策の背景は，都市再生総合情報体系 Webページに詳しい。https://www.city.go.kr/index.do（二〇二三年十月二十四日取得）

（2）二〇一六年八月三十一日の蔚山広域市中区庁文化観光室都市再生団からの聞き取りより。

（3）「釜山水晶洞日本式家屋」や「仁川旧大和組事務所」といった国家登録文化財の詳細な登録状況は、文化財庁の国家文化遺産ポータル Webページで確認できる。https://www.heritage.go.kr/heri/cul/culSelectDetail.do?pageNo=1_1_1_0（二〇二四年二月八日取得）

（4）仁川旧市街の近代景観整備過程については、二〇二三年九月十四日に仁川在住の作家で、みずからも敵産家屋をリノベーションした仁川官洞ギャラリーを運営する戸田郁子氏から教示を受けた。

（5）二〇一四年、仁川広域市中区庁舎の前に日本風の人力車像が設置された。しかし、韓国の最高裁判所にあたる大法院が日本企業に対して元徴用工への損害賠償を命じた判決を契機として、経済や安全保障の分野でも激しい日韓対立が起きた二〇一九年に撤去された。

（6）『二〇二〇　大邱広域市 都市・住居環境整備基本計画』（二〇一三年）三八頁を参照した。

（7）韓屋とは韓国固有の在来式家屋のことである。

（8）以上、事業内容については大邱広域市中区都市再生支援センターが作成したパンフレットを参考にした。大邱広域市中区都市再生支援センター『北城路時間旅行——大邱中区近代建築物リノベーション事業案内』（韓国語）、二〇一五年。

（9）二〇一六年八月二十日の大邱広域市中区都市再生支援センターに対する聞き取りより。なお、聞き取りによると、第一次事業の申請数は十一件、第二次事業の申請数は十八件であった。

（10）金泰勲「ソウル市文来創作村におけるパブリックアートによる都市再生とその影響」、『都市地理学』第十六巻、二〇二一年、三五‐四六頁。

（11）慶北大学校博物館『北城路産業工具路地の文化と人びと』（韓国語）、二〇一一年。

（12）二〇一六年八月二十九日のクォン・サングからの聞き取りより。

(13) 大邱広域市中区都市づくり支援センター『大邱中区韓屋および近代建築物実態調査』(韓国語)、二〇一三年。
(14) 鳥越皓之『環境社会学の理論と実践——生活環境主義の立場から』有斐閣、一九九七年、二五三頁。
(15) 大邱広域市中区都市再生支援センター、前掲パンフレット、四六頁。
(16) 「モル(모루)」とは金床を意味する韓国語である。
(17) クォン・サングほか『都市アーカイブ——創造的都市再生のための場所の記録と記憶の再構成』(韓国語)、国土研究院、二〇一四年、七二頁。
(18) 慶北大学校博物館、前掲書、二〇一一年、二四〇頁。
(19) 慶北大学校博物館、前掲書、二七二頁。この語りは十代だった一九七〇年代前半に北城路にやってきた男性のものである。
(20) 二〇一五年九月十三日、リノベーション中の建物の中で展示会を開催していた女性からの聞き取りによる。

終章

(1) 慶北大学校博物館『北城路産業工具路地の文化と人びと』(韓国語)二〇一一年。
(2) 二〇一五年三月十一日の聞き取りより。
(3) 時間と空間研究所『MADE IN B——二〇一六北城路技術生態系住民協業公募展「メイド イン北城路」結果資料集』(韓国語)大邱広域市中区庁、二〇一六年。
(4) ハーゲン・クー『特権と不安——グローバル資本主義と韓国中間階層』松井理恵編訳、岩波書店、二〇二三年、九四頁。
(5) クー、前掲書、二〇二三年。
(6) 金成玟「ソウルの夢 グローバル都市を歩く——第一回 江南I「K的なもの」の発祥地」、『世界』第九三六号、二〇二〇年、一二七頁。

（7）二〇一五年三月十日のクォン・サングへの聞き取りより。
（8）クー、前掲書、二〇二二年、九五頁。
（9）チョン・ユジン「文化的実践を通じたローカリティの再構成――大邱「達城」の場所性再現をめぐるローカルの文化地形」（韓国語）、慶北大学校大学院考古人類学科人類学専攻二〇一九年度博士論文、二〇一九年。
（10）チョン、前掲論文、二二〇頁。
（11）チョン、前掲論文、五二頁。
（12）フレイザー、ナンシー『資本主義は私たちをなぜ幸せにしないのか』江口泰子訳、ちくま新書、二〇二三年、四三頁〔Fraser, Nancy, *Cannibal Capitalism: How Our System Is Devouring Democracy, Care and the Planet — and What We Can Do about It*, Verso Books. 2022〕。
（13）フレイザー、前掲書、九〇頁。
（14）フレイザー、前掲書、四九頁。
（15）森崎和江「わたしと言葉」、『現代思想二〇二二年十一月臨時増刊号　総特集＝森崎和江』第五十巻第十三号、二〇二二年、三一頁（初出『暗河』第十二号、一九七六年）。
（16）大畑凛「女たちのインフラ、あるいは、マテリアル・アンサンブル――森崎和江と『身体－領土』についてのノート」、『福音と世界』第七十七巻一号、二〇二二年、二七頁。なお、大畑は森崎の著作の解説で、森崎の思想における「隣家の美学」の重要性を指摘している。大畑凛「解題　弁証法の裂け目」、森崎和江『闘いとエロス』月曜社、二〇二二年。
（17）大畑、前掲論文、二七頁。
（18）林志弦『犠牲者意識ナショナリズム――国境を超える「記憶」の戦争』澤田克己訳、東洋経済新報社、二〇二二年、二三五頁。

補章

（1）以上は森崎和江による自撰年表と水溜真由美による森崎の思想の展開に関する記述を参照

した。森崎和江『森崎和江コレクション 精神史の旅 五 回帰』藤原書店、二〇〇九年。水溜真由美『「サークル村」と森崎和江――交流と連帯のヴィジョン』ナカニシヤ出版、二〇一三年。

(2) 上野千鶴子「産の思想と男の一代主義――森崎和江『第三の性――はるかなるエロス』」、『〈おんな〉の思想――私たちは、あなたを忘れない』集英社、二〇一三年、一五頁。

(3) 森崎和江+中島岳志『日本断層論――社会の矛盾を生きるために』NHK出版、二〇一一年。

(4) 森崎和江+中島岳志、前掲書。

(5) 森崎和江『いのちの自然――十年百年の個体から千年のサイクルへ』アーツアンドクラフツ、二〇一四年。

(6) 森崎和江『森崎和江 詩集』思潮社、二〇一五年。

(7) 森崎和江『からゆきさん――異国に売られた少女たち』朝日新聞出版、二〇一六年。

(8) 森崎和江『第三の性――はるかなるエロス』河出書房新社、二〇一七年。

(9) 森崎和江『まっくら――女坑夫からの聞き書き』岩波書店、二〇二一年。

(10) 森崎和江『闘いとエロス』月曜社、二〇二二年。

(11) 森崎和江『非所有の所有――性と階級覚え書』月曜社、二〇二二年。

(12) 森崎和江『新版 慶州は母の呼び声――わが原郷』筑摩書房、二〇二三年。

(13) WAN(Women's action network) webページのミニコミ図書館では『無名通信』一号から二〇号までの電子データにアクセスできる。

(14) 水溜、前掲書。

(15) 佐藤泉「いかんともしがたい植民地の経験――森崎和江の日本語」青山学院大学文学部日本文学科編『異郷の日本語』社会評論社、二〇〇九年、六五-九七頁。佐藤泉「森崎和江の言語論」、『現代詩手帖』第六十一巻第九号、二〇一八年、六八-七三頁。茶園梨加「森崎和江作品にみる聞き書きと詩――『まっくら』と『狐』の関連から」、『社会文学』第三十七号、二〇一三年、一五二-一六七頁。茶園梨加「森崎和江『第三の性――はるかなるエロス』にみる対話の可能性――交換ノートという形式」、『脈』第九十一号、二〇一六年、六〇-六七頁。茶園梨加

『産』の思想を考える」、『現代詩手帖』第六十一巻第九号、二〇一八年、九七‐一〇一頁。
(16) 嶽本新奈『「からゆきさん」――海外〈出稼ぎ〉女性の近代』共栄書房、二〇一五年。
(17) 『現代思想二〇二二年十一月臨時増刊号　総特集＝森崎和江』第五十巻第十三号、二〇二二年。
(18) 森崎和江、前掲書、二〇〇九年、三四一頁。
(19) 森崎和江『慶州は母の呼び声――わが原郷』ちくま文庫、一九九一年、九頁。なお、ちくま文庫版は一九八四年に新潮社から刊行された『慶州は母の呼び声』と一九八六年に朝日新聞社から刊行された『こだまひびく山河の中へ』を一冊に編んだ本である。
(20) 森崎和江「一度みた学校」『すばる』集英社、一九八四年(再録＝『森崎和江コレクション一　産土』藤原書店、二〇〇八年、五二頁)。
(21) 森崎和江『慶州は母の呼び声――わが原郷』新潮社、一九八四年、七頁。
(22) 森崎、前掲書、一九八四年、九頁。
(23) 森崎、前掲書、一九八四年、二二六頁。
(24) 모리사키 가즈에 지음／박승주＋마쓰이 리에 옮김『경주는 어머니가 부르는 소리――식민지 조선에서 성장한 한 일본인의 수기』글항아리、二〇二〇년。
(25) 森崎、前掲書、一九九一年、九頁。
(26) 二〇〇八年四月七日付の私信より。
(27) 新田啓子「この『生』から問う――ラディカリズムとしての交差性」、『現代思想』第五十巻第五号、二〇二二年、三九頁。
(28) 北村紗衣「波を読む――第四波フェミニズムと大衆文化」、『現代思想』第四十八巻第四号、二〇二〇年、五一頁。
(29) 日本では二〇二一年に「インターセクショナリティ」という語をタイトルに冠した翻訳書が出版された。パトリシア・ヒル・コリンズ＋スルマ・ビルゲ『インターセクショナリティ』小原理乃訳＋下地ローレンス吉孝監訳、人文書院、二〇二一年。
(30) トランスフェミニズムの「トランス」はトランスジェンダーを指す。

(31) 藤高和輝「インターセクショナル・フェミニズムから／へ」、『現代思想』第四十八巻第四号、二〇二〇年、三四‐四七頁。
(32) シスジェンダーとはトランスジェンダーの対義語で、生まれたときに割り当てられた身体的な性別と自分の性自認(自分の性をどのように認識しているのか)が一致している人を指す。
(33) 藤高、前掲論文。
(34) アーメッド、サラ「ハンマーの共鳴性」藤高和輝訳、『現代思想』第五十巻第五号、二〇二二年、九〇‐一〇六頁。なお、この論考を解釈するにあたっては藤高の前掲論文を参照した。
(35) アーメッド、前掲論文、九一頁。
(36) アーメッド、前掲論文、九七頁。
(37) 二〇〇八年二月十五日付の私信より。
(38) 森崎、前掲書、一九八四年、二一頁。
(39) 森崎、前掲書、一九八四年、七五‐七六頁。
(40) 森崎、前掲書、一九八四年、一一〇頁。
(41) アーメッド、前掲論文、九〇頁。
(42) 森崎、前掲書、一九八四年、一五五‐一五六頁。
(43) 森崎、前掲書、一九九一年、八頁。
(44) アーメッド、前掲論文、一〇二頁。
(45) この「出逢い」とは、森崎が論じる民衆次元の直接的な接触を指す。森崎和江「民衆における異集団との接触の思想――沖縄・日本・朝鮮の出逢い」、谷川健一編『叢書　わが沖縄　第六巻　沖縄の思想』木耳社、一九七〇年、二二五‐二五四頁(再録＝『森崎和江コレクション　精神史の旅三海峡』藤原書店、二〇〇九年、八八‐一二二頁)。
(46) 水溜真由美は森崎の植民地朝鮮体験が有する可能性について、次のように指摘する。「日本の植民地統治下の朝鮮で、支配者の立場にあった森崎は、被支配者であった朝鮮人と出会いながら、ネーションの境界に阻まれて出会えなかった。けれども森崎は、挫折に終わった自身の体験に向き合い、この体験のなかから「異族」間の出会いの思想を生み出そうとした。歴史のなかから潜在する可能性を掬い上げ、未来へとつなごうとする森崎の姿勢は、森崎のからゆきさん論にも見て取ることができる」。水溜、前掲書、三一六頁。

(47) 森崎、前掲書、一九八四年、二二二頁。

(48) この補章は森崎の作品の中でも特に『慶州は母の呼び声』に焦点を当てて執筆したものである。他の作品を含めた森崎の思想とインターセクショナリティについては、この補章の基になった原稿の一つである拙稿を参照のこと。松井理恵「方法としての『朝鮮』――森崎和江におけるインターセクショナリティ」広島部落解放研究所紀要『部落解放研究』第二十七号、二〇二〇年、九三―一一五頁。

参考文献

日本語文献

アーメッド、サラ「ハンマーの共鳴性」、藤高和輝訳『現代思想』第五十巻第五号、二〇二二年、九〇－一〇六頁〔Ahmed, Sara, An Affinity of Hammers. *TSQ: Transgender Studies Quarterly*, Volume 3, no.1-2: pp.22-34, 2016〕。

茶園梨加「森崎和江作品にみる聞き書きと詩——『まっくら』と『狐』の関連から」、『社会文学』第三十七号、二〇一三年、一五二－一六七頁。

——「森崎和江『第三の性——はるかなるエロス』にみる対話の可能性——交換ノートという形式」『脈』第九十一号、二〇一六年、六〇－六七頁。

——「『産』の思想を考える」『現代詩手帖』第六十一巻第九号、二〇一八年、九七－一〇一頁。

コリンズ、パトリシア・ヒル＋ビルゲ、スルマ『インターセクショナリティ』小原理乃訳＋下地ローレンス吉孝監訳、人文書院、二〇二一年〔Collins, Patricia Hill and Bilge, Sirma, *Intersectionality, 2nd Edition*, Polity Press, 2020〕。

フレイザー、ナンシー『資本主義は私たちをなぜ幸せにしないのか』江口泰子訳、ちくま新書、二〇二三年〔Fraser, Nancy, *Cannibal Capitalism: How Our System Is Devouring Democracy, Care and the Planet — and What We Can Do about It*, Verso Books. 2022〕。

藤高和輝「インターセクショナル・フェミニズムから／へ」、『現代思想』第四十八巻第四号、二〇二〇年、三四－四七頁。

船尾修『日本人が夢見た満洲という幻影——中国東北部の建築遺構を訪ねて』新日本出版社、二〇二二年。

布野修司＋韓三建＋朴重信＋趙聖民『韓国近代都市景観の形成——日本人移住漁村と鉄道町』京都大学出版会、二〇一〇年。

洪庸碩＋初田亨「韓国・大邱における一八七六年から一九一〇年までの日本人の活動と都市の近代化」、『日本建築学会計画系論文集』第六一〇号、二〇〇六年、二二九－二三六頁。

堀川三郎『町並み保存運動の論理と帰結——小樽運河問題の社会学的分析』東京大学出版会、二〇一八年。

猪瀬浩平＋森田友希（写真）『分解者たち——見沼田んぼのほとりを生きる』生活書院、二〇一九年。

井上真「自然資源の共同管理制度としてのコモンズ」、井上真＋宮内泰介編『コモンズの社会学——森・川・海の資源共同管理を考える』新曜社、二〇〇一年、一－二八頁。

伊藤亜人ほか監修『［新訂増補］朝鮮を知る事典』平凡社、二〇〇〇年。

伊藤亞人「韓国における任意参加の組織—地方出身者の結社を中心として」、伊藤亞人＋韓敬九編『韓日社会組織の比較』慶應義塾大学出版会、二〇〇二年、一八五－二一一頁。

朱喜哲『〈公正〉《フェアネス》を乗りこなす』太郎次郎社エディタス、二〇二三年。

片桐新自編『歴史的環境の社会学（シリーズ環境社会学三）』新曜社、二〇〇〇年。

片倉佳史『増補版 台北・歴史建築探訪——日本が遺した建築遺産を歩く一九八五～一九四五』ウェッジ、二〇二三年。

上水流久彦編『大日本帝国期の建築物が語る近代史——過去・現在・未来』勉誠出版、二〇二二年。

河井朝雄『大邱物語』朝鮮民報社、一九三一年（『韓国地理風俗誌叢書五八　大邱物語／大邱府勢一斑』景仁文化社影印、一九九五年）。

木原啓吉『歴史的環境——保存と再生』岩波書店、一九八二年。

菊池暁『民俗学入門』岩波書店、二〇二二年。

金成玟『戦後韓国と日本文化——「倭色」禁止から「韓流」まで』岩波書店、二〇一四年。

――「ソウルの夢　グローバル都市を歩く――第一回 江南I 『K的なもの』の発祥地」『世界』第九三六号、二〇二〇年、一二六－一三一頁。

金泰勲「ソウル市文来創作村におけるパブリックアートによる都市再生とその影響」『都市地理学』第十六巻、二〇二一年、三五－四六頁。

金源一著『深い中庭のある家』吉川凪訳、CUON、二〇二三年。

北村紗衣「波を読む――第四波フェミニズムと大衆文化」『現代思想』第四十八巻第四号、二〇二〇年、四八－五六頁。

古賀由起子「帝国の遺産――なぜ歴史責任をいまだ問うのか」『世界』第九六一号、二〇二二年、一七二－一八二頁。

今和次郎『今和次郎集 第四巻 住居論』ドメス出版、一九七一年。

クー、ハーゲン『韓国の労働者――階級形成における文化と政治』滝沢英樹＋高龍秀訳、御茶の水書房、二〇〇四年〔Koo, Hagen, 2001, *Korean Workers: The Culture and Politics of Class Formation*, Ithaca: Cornell University Press〕。

――『特権と不安――グローバル資本主義と韓国の中間階層』松井理恵編訳、岩波書店、二〇二三年〔具海根『特権中産層――韓国中間階層の分裂と不安』（韓国語）、チャンビ、二〇二二年〕。

李重煥『択里志――近世朝鮮の地理書』平木實訳、平凡社、二〇〇六年。

李東勲『在朝日本人社会の形成――植民地空間の変容と意識構造』明石書店、二〇一九年。

林志弦『犠牲者意識ナショナリズム――国境を超える「記憶」の戦争』、澤田克己訳、東洋経済新報社、二〇二二年〔林志弦『犠牲者意識民族主義――苦痛を競うグローバルな記憶戦争』（韓国語）、ヒューマニスト、二〇二一年〕。

松井理恵「環境運動における戦略的パターナリズムの可能性――韓国大邱市三徳洞のマウルづくりを事例として」、『環境社会学研究』第十一号、二〇〇五年、一八八－二〇一頁。

――「『植民地朝鮮』とわたし――大邱・三徳洞で出会った語りから」、『森崎和江コレクション　精神史の旅』月報一、二〇〇八年、六－一〇頁。

――「韓国における日本式家屋保全の論理――歴史的環境の創出と地域形成」、『年報社会学論集』第二十一号、二〇〇八年、一一九―一三〇頁。

――「方法としての『朝鮮』――森崎和江におけるインターセクショナリティ」、広島部落解放研究所紀要『部落解放研究』第二十七号、二〇二〇年、九三―一一五頁。

松田素二『抵抗する都市――ナイロビ移民の世界から』岩波書店、一九九九年。

三尾裕子編『台湾で日本人を祀る――鬼から神への現代人類学』慶應義塾大学出版会、二〇二二年。

ミンツ、シドニー・W『［聞書］アフリカン・アメリカン文化の誕生――カリブ海域黒人の生きるための闘い』藤本和子編訳、岩波書店、二〇〇〇年。

三輪如鐵『朝鮮大邱一斑』杉本梁江堂、一九一一年。

水溜真由美『「サークル村」と森崎和江――交流と連帯のヴィジョン』ナカニシヤ出版、二〇一三年。

森久聡『〈鞆の浦〉の歴史保存とまちづくり――環境と記憶のローカル・ポリティクス』新曜社、二〇一六年。

森崎和江「民衆における異集団との接触の思想――沖縄・日本・朝鮮の出逢い」、谷川健一編『叢書わが沖縄 第六巻 沖縄の思想』木耳社、一九七〇年、二二五―二五四頁。

――「わたしと言葉」『暗河』第十二号、一九七六年(再録＝『現代思想二〇二二年十一月臨時増刊号 総特集＝森崎和江』第五十巻第十三号、二〇二二年、二四―三七頁)。

――『慶州は母の呼び声――わが原郷』新潮社、一九八四年。

――『慶州は母の呼び声』ちくま文庫、一九九一年。

――「一度みた学校」『すばる』集英社、一九八四年(再録＝『森崎和江コレクション一 産土』藤原書店、二〇〇八年、五二頁)。

――『森崎和江コレクション 精神史の旅五 回帰』藤原書店、二〇〇九年。

――『いのちの自然――十年百年の個体から千年のサイクルへ』アーツアンドクラフツ、二〇一四年。

――『森崎和江詩集』思潮社、二〇一五年。

――『からゆきさん――異国に売られた少女たち』朝日新聞出版、二〇一六年。

――『第三の性――はるかなるエロス』河出書房新社、二〇一七年。

――『まっくら――女坑夫からの聞き書き』岩波書店、二〇二一年。

――『闘いとエロス』月曜社、二〇二二年。

――『非所有の所有――性と階級覚え書』月曜社、二〇二二年。

――『新版 慶州は母の呼び声――わが原郷』ちくま文庫、二〇二三年。

森崎和江＋中島岳志『日本断層論――社会の矛盾を生きるために』NHK出版、二〇一一年。

モーリス＝スズキ、テッサ『過去は死なない』田代泰子訳、岩波書店、二〇〇四年〔Morris-Suzuki, Tessa, 2005, *The Past within us: Media, Memory, History*, Verso〕。

西村一之「台湾東部における神のいない『神社』」、上水流久彦編『大日本帝国期の建築物が語る近代史――過去・現在・未来』勉誠出版、二〇二二年、一六八―一八〇頁。

新田啓子「この『生』から問う――ラディカリズムとしての交差性」、『現代思想』第五十巻第五号、二〇二二年、三五―四七頁。

荻野昌弘「負の歴史的遺産の保存――戦争・核・公害の記憶」、片桐新自編『歴史的環境の社会学（シリーズ環境社会学三）』新曜社、二〇〇〇年、一九九―二二〇頁。

大畑凜「女たちのインフラ、あるいは、マテリアル・アンサンブル――森崎和江と『身体―領土』についてのノート」、『福音と世界』第七十七巻一号、二〇二一年、二三―二八頁。

――「解題 弁証法の裂け目」、森崎和江『闘いとエロス』月曜社、二〇二二年、三一七―三五五頁。

酒井直樹『日本／映像／米国――共感の共同体と帝国的国民主義』青土社、二〇〇七年。

佐藤泉「いかんともしがたい植民地の経験――森崎和江の日本語」青山学院大学文学部日本文学科編『異郷の日本語』社会評論社、二〇〇九年、六五―九七頁。

――「森崎和江の言語論」、『現代詩手帖』第六十一巻第九号、二〇一八年、六八―七三頁。

嶋陸奥彦「韓国のムラ――トンネとマウル」『日本民俗文化大系』月報七、一九八四年、一二―

一四頁。

――「契とムラ社会」阿部年晴＋伊藤亜人＋荻原真子編『民族文化の世界―社会の統合と動態（下）』小学館、一九九〇年、七六－九二頁。

大邱府編『大邱府勢一斑』一九三六年（『韓国地理風俗誌叢書　五八　大邱物語／大邱府勢一斑』景仁文化社影印、一九九五年）。

大邱新聞社『慶北要覧』一九一〇年。

武田俊輔『コモンズとしての都市祭礼――長浜曳山祭の都市社会学』新曜社、二〇一九年。

嶽本新奈『「からゆきさん」――海外〈出稼ぎ〉女性の近代』共栄書房、二〇一五年。

鳥越皓之『地域自治会の研究――部落会・町内会・自治会の展開過程』ミネルヴァ書房、一九九四年。

――『環境社会学の理論と実践――生活環境主義の立場から』有斐閣、一九九七年。

都市住居研究会『異文化の葛藤と同化――韓国における「日式住宅」』建築資料研究社、一九九六年。

上野千鶴子「産の思想と男の一代主義――森崎和江『第三の性――はるかなるエロス』」、『〈おんな〉の思想――私たちは、あなたを忘れない』集英社、二〇一三年、一一－三五頁。

渡邉義孝『台湾日式建築紀行』KADOKAWA、二〇二二年
山元貴継「韓国の地方都市における『旧市街地』と『新市街地』――忠清北道・清州市」阿部和俊編『都市の景観地理 韓国編』古今書院、二〇〇七年、五四－六五頁。

韓国語文献

崔範洵「地域研究と日本学の役割――近代期大邱研究の意味と体系化を中心として」、『韓国日本語文学会第六〇回国際学術大会プロシーディングズ』二〇二三年、三三－三九頁。

まちかど文化市民連帯（CSES: Citizen's Solidarity for Ecological Street）『大邱の再発見　大邱新擇里志』ブックランド、二〇〇七年。

大邱広域市『二〇二〇大邱広域市　都市・住居環境整備基本計画』二〇一三年。

大邱広域市中区都市づくり支援センター『大邱中区韓屋および近代建築物実態調査』大邱広域市中区、二〇一三年。

――『北城路時間旅行――大邱中区近代建築物リノベーション事業案内』二〇一五年。

チョン・ユジン「文化的実践を通じたローカリティの再構成――大邱「達城」の場所性再現をめぐるローカルの文化地形」慶北大学校大学院考古人類学科人類学専攻二〇一九年度博士論文、二〇一九年。

クォン・サング＋リュ・テヒ＋パン・テゴン＋チョン・ユジン＋オフィス アーキテクトン『都市アーカイブ――創造的都市再生のための場所の記録と記憶の再構成』国土研究院、二〇一四年。

慶北大学校博物館『北城路産業工具路地の文化と人びと』二〇一一年。

李丙燾『國史大觀』普文閣、一九五六年。

時間と空間研究所『手で創る未来――北城路鉄工所』大邱広域市中区庁、二〇一六年。

――『技術を学ぶ百の方法――北城路インサイト』大邱広域市中区庁、二〇一六年。

――『みずから体得する手の技術――北城路技術マニュアル』大邱広域市中区庁、二〇一六年。

――『北城路近代技術用語使用説明書　北城路用語辞典』大邱広域市中区庁、二〇一六年。

――『MADE IN B――二〇一六北城路技術生態系住民協業公募展「メイド イン 北城路」結果資料集』大邱広域市中区庁、二〇一六年。

あとがき

二〇二三年の夏、この研究の出発点となった三徳洞を七年ぶりに訪れた。敵産家屋がたくさん残っていた一帯には高層マンションがそびえ建っていた。日本のアパートに当たる「ビラ（villa）」という低層の共同住宅がぽつり、ぽつりと建っているのは二〇〇〇年代と変わらなかったが、そこかしこに美容室やカフェが入ってきていた。もともと商業地区に隣接していた三徳洞ではあったが、当時よりも商業施設が住宅街に進出してきている印象だった。三徳洞の周辺でもマンション建築が進んでいるようだった。

文化財となった「三徳初等学校の教頭先生の官舎」は、「三徳マル」というコミュニティセンター兼地域の図書館になっていた。「マル」とは韓国語で縁側を意味する。住民に開かれた縁側といった意味が込められているように思われた。残暑厳しい八月末の土曜日の午前中、未就学児だろうか、小学校低学年だろうか、男の子と女の子が二人で静かに本を読んでいた。奥の部屋に行くと若い女性が一人、やはり本に目を落としていた。室内はとてもきれいに整えられていたが、二十年前、筆者が入り浸っていた頃の面影をしっかりと留めていた。職員に尋ねると、二〇一七年からこのように使われているという。黒くしっとりとした柱の手触り、畳の座り心地、足の裏から伝わるひんやりとした廊下の感触、襖を閉める音。ここで本を読んでいた子どもたちは長じて日本による植民地支配の歴史に接するとき、みずからを包んでいた敵産家屋の気配と重ねて当時を想像するのかもしれない。

筆者を敵産家屋の自宅に招き、案内してくれた三徳洞のチャン・サンギの自宅は二〇二三年現在もそのまま残っていた。調査時にはなかった立派な木製の表札が掲げられていた。表札には本人ではなく、彼の父の名が書かれていた。梨泉洞の敵産家屋に住んでいたキム・ジニョクには、直接話を聞くことができた。二〇一六年、近所のマンションに生活の拠点を移したキム・ジニョクは自宅を「学岡美術館」としてオープンしたが、二〇二〇年頃に再開発のために取り壊された。この敵産家屋が建っていた土地ではなく、隣地のマンション建設にともなう撤去であったので、何とか残せないかと方々にかけ合ってみたものの、規制の関係で撤去せざるをえなかったという。

この二つの敵産家屋の主《あるじ》は、再開発の危機にさらされながらも、非常に強い意志でこれらの家屋を後世に残そうとしていた。そして一方は残り、もう一方は再開発のために撤去された。たとえ所有者がどれほど強く保全を求めても、再開発の網にかかってしまえば難しい。そこに社会的な基準をもって敵産家屋を残すか、撤去するかを検討する余地はなかった。

近代建築物リノベーションによって北城路に現れた敵産家屋が置かれた状況も、非常に厳しいものだった。これまで地域の歴史を重要なコンテンツの一つとして進められてきた大邱広域市中区の文化行政は、首長が代わったために転換を余儀なくされた。大邱駅寄りの北城路には、北城路の通りを挟んで北側には高層マンションが立ち、南側にはところどころに歴史的な建築物が保全される工業地区という、奇妙な光景が広がっていた。

加えて、二〇二〇年に始まったコロナ禍は、夢を抱いて北城路に流入した個人事業主たちを直撃していた。北城路を歩いてみると、リノベーションされた建物が再び空き家に戻っていたり、業種を変えたりしていた。韓国では、飲食店やカフェの開店・閉店のサイクルが日本に比べると短く感じられるものだが、本書で取り上げた北城路近代建築物リノベーションの対象の中で、二〇二三年現在もプロジェクト開始当時と同じ事業主が運営しているのは、たった二カ所だけだと聞いた。一方、二〇二三年に入るとコロナ禍が収束をみせはじめ、北城路の南に位置する東亜《トンア》百貨店の周囲の賃料が上がったらしく、北城路にはカフェや雑貨店などが新たに入ってきたという。敵産家屋のある景観を残しながらも、北城路はゆっくりと変化しているようであった。

本書は韓国の都市再生事業の成功事例を紹介するものではない。植民地支配の痕跡が色濃く残る解放後の大邱の北城路で、力強く生き抜いてきた工具商人や町工場の技術者の物語を日本語で書きたかった。そして、植民地時代の大邱《たいきゅう》と、解放後の大邱《テグ》で暮らしてきた人びとの歴史に、真摯に向き合う市民運動の物語を日本語で書きたかったのである。韓国、あるいは朝鮮半島に関心を抱きつつも、植民地支配の歴史の前に戸惑う若者――それは二十年前の筆者自身の姿かもしれない――に本書を届けることができるならば、存外の喜びである。

本書の出版に至るまで、多くの方々から教えを受け、支えられてきた。
真っ先に感謝を伝えなければならないのは、大邱で筆者の調査研究に協力してくれた方々である。筆者が大邱の市民運動を調査する契機となった三徳洞のキム・キョンミンさん、大邱の近代史を調査・研究し、市民に伝える活動を牽引してきたクォン・サングさん、チョン・ユジンさん、アン・ジンナさんといった市民運動家たちのおかげで、本書を書き上げることができた。チョン・ユジンさんとアン・ジンナさんは文化人類学者としての専門性を活かして、市民運動の実務に携わっていた。二人をはじめ、慶北大学校の文化人類学徒による大邱の調査研究成果なくして本書は完成しえなかった。日本近代文学という専門を活かして植民地時代の大邱の史料を翻訳・研究し、北城路では日韓交流センター「大邱ハル」を運営する朴承柱《パクスンジュ》さんは、多忙にもかかわらず、本書の草稿に目を通してくれた。日本人の筆者を敵産家屋の自宅に快く招いてくれたチャン・サンギさんとキム・ジニョクさんにも感謝したい。

大学生だった筆者が韓国に関心をもつようになったのは、鳥越皓之先生の授業の一環で慶尚南道晋州《チンジュ》市を訪れたことがきっかけであった。「迷ったら、とりあえずやってみる、というのは一つの考え方だね」。大学を休学してソウルへ語学研修に行こうか、どうしようかと迷っていた筆者に、鳥越先生がくれたアドバイスである。このアドバイスは、何かと迷いが多く、やらない理由を探しがちな怠け者の筆者にとって、大切な人生の羅針盤になった。娘を育てながら進むことになった博士課程では、好井裕明先生から指導を受けた。教室にベビーベッドを運び込んでもらい、家族三人そろって受けた好井ゼミのことは、二十年近く経った今もよく覚えている。両先生には長きにわたってご指導いただいたが、本書が先生方から受けた学恩に報いるものとなっているかは心許ない。筆者がどうにか大学院を修了できたのは、背中で道を示してくれた先輩や、励まし合いながら一緒に悪戦苦闘した研究仲間の存在が大きい。

夫の赴任先の札幌へ転居してからは、友人も研究仲間もいない、まったくのゼロからのスタートになった。筆者を研究会や読書会に温かく迎え入れてくれた方々に、心から感謝したい。北海道で市民運動に携わる仲間と世代や国籍を超えて育んだ友情は、今も筆者を支えている。また、研究者として完全に路頭に迷っていたこの頃、研究を発表する場や論文を書く機会を与えてくれた先生方のおかげで、現在の筆者がある。子どもを育てながら研究をしてきた女性研究者たちからは、「決して諦めてはならない」といつも厳しく励ましてもらった。先輩方の存在を心の支えにして、ここまで研究を続けることができた。

筆者は二〇一九年、跡見学園女子大学に着任した。筆者の研究をさまざまなかたちで支援してくれた同僚たちに感謝している。大学の環境を整え、研究をサポートしてくれる職員の方々にも、心からお礼申し上げたい。なお、本書の出版は、跡見学園女子大学学術出版助成によるものである。

常識に囚われない生き方を、身をもって示してくれた両親、そして、筆者の意思を最大限尊重し、いつも温かく見守ってくれた夫の家族にも、深く感謝したい。娘の朔実《さくみ》と息子の大武《ひろむ》には、何があっても諦めない母親の背中を見せたくて、研究を続けてきた。しかし、自分の将来に向けて成長を重ねていく最近の二人の姿を見ていると、こちらも負けてはいられない、と思うようになった。夫の丈昇《とものり》には、楽しく充実した日々をありがとう、と伝えたい。家族からよい刺激を受けつつ暮らせる幸せを、深く嚙み締めている。

コロナ禍で当分の間、訪韓調査の見通しが立たなくなったため、何度も中断を重ねて細切れになってしまった研究をまとめてみよう、と二年前に腹を括った。本書を書き終えた今、改めて考えると、自分の力量を顧みずに大それたことをしてしまったと思う。

共和国の下平尾直さんは、筆者の拙い文章を根気強く読み、叱咤激励してくれた。もちろん、本書に誤りや問題があれば、それは筆者の責任である。しかし、もし、本書が一冊の本としてどうにか読めるものになっていたのならば、それは下平尾さんのご助力によるところが大きい。小著を世に出してくださった下平尾さんへの感謝は——きっと、最後まで諦めずにしっかりと文章にしなさい、とお叱りを受けると思うのだが——言葉にできないほどである。

二〇二四年二月　釜山から下関に向かうフェリーにて

松井理恵

初出一覧

本書は、以下の各論考を大幅に加筆修正したものである。

「韓国における日本式家屋保全の論理――歴史的環境の創出と地域形成」、『年報社会学論集』第二十一号、二〇〇八年、一一九－一三〇頁。

「景観保全を通じた都市の継承――韓国・大邱の近代建築物リノベーション」、『現代社会学研究』、第三十号、二〇一七年、二七－四三頁。

「コミュニティに敵産家屋を取り入れる――韓国・大邱の北城路における生活実践の履歴の可視化」、鳥越皓之＋足立重和＋金菱清編『生活環境主義のコミュニティ分析――環境社会学のアプローチ』ミネルヴァ書房、二〇一八年、一七一－一九〇頁。

「方法としての『朝鮮』――森崎和江におけるインターセクショナリティ」、広島部落解放研究所紀要『部落解放研究』第二十七号、二〇二〇年、九三－一一五頁。

「町工場とコミュニティ――韓国・大邱北城路で働く技術者たちの語りから」、『観光コミュニティ研究』創刊号、二〇二二年、八五－九七頁。

「出逢いそこねた物語を読む――『慶州は母の呼び声』韓国語翻訳、出版について」、『現代思想』二〇二二年十一月臨時増刊号　総特集＝森崎和江』第五十巻第十三号、二〇二二年、一七五－一八六頁。

松井理恵
Rie MATSUI

一九七九年、愛媛県に生まれる。
筑波大学大学院人文社会科学研究科修了、博士(社会学)。
専攻は、社会学。
現在は、跡見学園女子大学観光コミュニティ学部コミュニティデザイン学科准教授。
共編著に、
『〈日韓連帯〉の政治社会学──親密圏と公共圏からのアプローチ』(青土社、二〇二三)、
編訳書に、
ハーゲン・クー『特権と不安──グローバル資本主義と韓国の中間階層』(岩波書店、二〇二三)
がある。

大邱《テグ》の敵産家屋《てきさんかおく》——地域コミュニティと市民運動

2024年3月15日初版第一刷印刷
2024年3月28日初版第一刷発行

著者
松井《まつい》理恵《りえ》

発行者
下平尾 直

発行所
株式会社 共和国
東京都東久留米市本町3−9−1−503　郵便番号203−0053
電話・ファクシミリ 042−420−9997
郵便振替 00120−8−360196
http://www.ed-republica.com

印刷……………………モリモト印刷
ブックデザイン……………宗利淳一
DTP……………………岡本十三

本書の内容およびデザイン等へのご意見やご感想は、以下のメールアドレスまでお願いいたします。

naovalis@gmail.com

ISBN978-4-907986-86-5 C0036